致韩国读者

　　非常高兴地得知，《易中天中华史》的韩文版，得要陆续与诸位见面。韩国读者都是我的老朋友，我的许多著作都被译为韩文在韩国发行。这次的新作，也希望大家能够喜欢。而且，我也相信韩国的朋友一定会喜欢。

　　谢谢大家！

易中天
2013年11月6日

『이중톈 중국사』의 한국어판이 속속 여러분과 만날 것이라는 소식을 듣고 무척 반가웠습니다. 한국 독자들은 제 오랜 친구입니다. 이미 저의 많은 저작이 번역되어 한국에서 발행되었기 때문입니다. 이번에 나오는 신작도 다들 좋아하셨으면 합니다. 저는 한국의 친구들이 꼭 좋아하실 것이라고 믿습니다.

2013년 11월 6일
이중톈

易中天中國史—03

창시자

이중톈 중국사

易中天中華史 : 奠基者

易中天中國史 ─ 03

창시자

이중톈 중국사

이중톈 지음 ─ 김택규 옮김

글항아리

일러두기
- 이 책에서 언급된 서주의 역사적 사실은 모두 사마천의 『사기』 「주본기周本紀」, 판원란范文瀾의 『중국통사』, 젠보짠翦伯贊의 『선진사先秦史』, 양콴의 『서주사』, 쉬줘윈의 『서주사』를 참고했다.
- 본문에서 괄호 속 설명은 지명 표기 등을 제외하면 옮긴이가 붙인 것이다.

주나라 청동기 하존에 새겨진 글귀 탁본

하늘은 높디높은 곳에서 침묵을 지키고 있지만
털끝 하나도 빠짐없이 모든 것을 통찰한다.
"천명을 받아 중국에 거한다"고 자처했던
주나라인은 제도의 혁신과 문화의 재건으로
중국 문명의 기초를 다졌다.

中 / 國 / 史 /

무왕은 주왕의 목을 베었지만 그렇다고 해서
상나라의 뿌리를 완전히 제거한 것은 아니었다.
정권을 빼앗고도 걱정을 떨치지 못한 주나라인은
반드시 혁명의 합리성과 정권의 정통성을 증명해야 했다.

걱정스러운 출발

승자의
두려움

전해지는 말에 따르면 은상殷商(상나라는 마지막 도읍이었던 은의 명칭을 빌려 은나라라고도 했고 두 명칭을 합쳐 은상이라고도 불렀다)의 주왕紂王은 스스로 불에 타 죽었다고 한다.

전해지는 말일 뿐이다. 증거는 없다.[1]

당시 그가 무슨 생각을 했는지 아는 사람도 없고, 주周 무왕武王은 또 왜 초토화된 곳에서 주왕의 시신을 찾아 목을 잘랐는지 설명해줄 사람도 없다. 이것은 옥타비아누스와 접전을 벌이던 이집트 여왕 클레오파트라가 왜 갑자기 애인 안토니우스를 버리고 자기 함대를 빠져나와 왕궁에서 자살했는지 아는 사람이 없는 것과 같다. 모든 역사는 승리자가 기술한다. 실패한 자는 물속의 고기와 같아서 눈물을 흘려도 신경 써주는 사람이 없고 흔적도 남지 않는다.

우리가 알고 있는 것이라고는 이것뿐이다. 주 무왕은 전포戰袍를 벗

---

1 주왕의 죽음에 관해 『사기』에는 단지 "녹대에 올라 보옥이 달린 옷을 입고 불에 뛰어들어 죽었다 登鹿臺, 衣其寶玉衣, 赴火而死"라고만 나올 뿐, 누가 불을 질렀는지에 관해서는 언급이 없다. 『사기정의史記正義』에서는 『주서周書』를 인용하여 "주왕은 천지天智 옥 다섯 개를 몸에 차고 스스로 몸을 불태웠다紂取天智玉琰五, 環身以自焚"라고 했다.

을 틈도 없이 상나라인의 종묘를 빌려 하늘의 상제上帝와 조상들에게 승리를 고하고 정권 인수를 선포함으로써 '중국中國'이라 자처했다.[2]

물론 진정한 개국開國의 제전은 더 성대하고 장엄한 제사 의식의 형태로 주나라의 도읍에서 거행되었다. 당시 그들은 이미 죽은 선조인 문왕文王이 상제 옆에 있는 것을 보았으며 그의 영혼이 흐뭇한 눈빛으로, 영광을 실현한 후손인 자신들을 자애롭게 내려다보고 있음을 느꼈다.

그런데 주공周公은 안심한 표정이 아니었다.[3]

주공은 문왕의 아들이자 무왕의 동생이며 성왕成王의 숙부로서 주나라 문화와 제도의 가장 중요한 창시자 중 한 사람이다. 그런 중대한 의식에서 그가 경건하고 조심스러운 태도를 취했다면 그것은 이해할 만하다. 그런데 어째서 그렇게 걱정스러워 보였을까? 혹시 무엇을 본 것일까?

그렇다. 그는 전쟁에서 패한 상나라의 귀족들을 보았다. 왕년의 그 지고지상至高至上의 무리가 공손히 고개를 숙인 채 줄지어 서 있는 것을 보았다.

주공은 자기도 모르게 한 가닥 서글픈 감정이 솟아오르는 것을 느꼈다.

쓰리고 괴로운 감정도 섞여 있었을 것이다.

생각해보면 과거에 상나라의 제사는 얼마나 웅장하고 호화로웠던

2 『일주서逸周書』「세부해世俘解」참고.
3 주공은 성이 희姬, 이름은 단旦이었고 '문공文公' 혹은 '숙단叔旦'이라고도 불렸다. 그는 주 문왕의 아들이자 주 무왕의 동생이었으며 주 성왕의 숙부이기도 했다. 채읍(영지)이 그들, 족족의 발상지 '주周(오늘날의 산시陝西 성 치산岐山)였기 때문에 '주공'이라고 불린다. 무왕이 주왕을 격파한 후 몇 년 안 되어 병사하고 그 뒤를 이은 성왕이 어렸던 탓에 주공은 새 정권의 가장 중요한 리더 중 한 사람이 되었다. 그가 섭정으로서 왕이라 칭했다는 것에 관해서는 학계에 이견이 많았다. 누구는 실제로 그랬다고 주장했고 누구는 섭정만 하고 왕이라 칭하지는 않았다고 주장했으며 또 누구는 섭정도 안 했고 왕이라 칭하지도 않았다고 주장했다. 어쨌든 그가 중요한 리더였다는 사실만큼은 분명하다.

가. 100마리가 넘는 소와 양에 헤아릴 수 없는 제기祭器와 반짝이는 보석 그리고 산 채로 바쳐질 인간제물까지 있었다. 작은 속국에 불과했던 주나라는 대표를 파견해 정해진 규범을 좇아 제사를 도와야 했고 그들의 대규모 살상 행위까지 멀거니 지켜봐야 했다. 그런데 지금은 그토록 위풍당당했던 상나라 귀족들이 조역을 맡아 주나라인의 조상에게 제사를 올리고 있는 것이다.

세상의 변화는 실로 덧없도다!

나중에 주공이 술회한 바에 따르면 그때 그는 많은 것을 생각했다. 상나라의 조상은 얼마나 영광되고 위대했던가? 상나라의 후손은 또 얼마나 많고 번성했던가? 그러나 천명이 일단 변하자 그들은 그 모양이 되고 말았다. 그렇다면 우리 주나라의 후손들도 언젠가 남의 예복을 입고, 남의 모자를 쓰고, 남의 뒤를 따라 남의 조상에게 제사를 올릴 수도 있지 않겠는가?

충분히 가능성 있는 일이었다.

주공은 똑똑히 기억하고 있었다. 무왕이 주왕을 토벌할 때, 정월에 출병하여 2월에 승리했다. 실질적으로 한 달여밖에 걸리지 않았다. 굉장히 빨리 모든 일이 이뤄졌다! 훗날 현대화된 영미연합군이 역시 56일 만에 사담 후세인 정권을 전복시킨 것을 그가 알았다면 아마 놀라움을 금치 못했을 것이다.

높디높은 망루가 어쩌면 그렇게 쉽게 무너졌을까? 강철같이 탄탄 **014**

했던 나라가 어쩌면 그렇게 속절없이 와해되었을까? 역사의 비극은 되풀이될 수밖에 없는 것일까? 새로운 정권을 어떻게 오래도록 유지할 수 있을까?

주공은 걱정에 빠져들었다.

하늘의 의중은 누구도 꿰뚫어볼 수 없다. 하늘은 하나라를 총애하다가 상나라에 관심을 쏟았고 지금은 또 주나라를 돌봐주고 있으니 실로 천명은 무상하기 그지없다. 세상의 어느 민족도 하늘의 선민先民이 아니며 세상의 어느 군주도 하늘이 정해준 총아가 아니다. 모든 것은 변한다. 변하지 않는 것은 오직 변한다는 사실 그 자체뿐이다.

이것은 결코 소홀히 할 수 없는 사실이었다. 상나라의 멸망을 교훈으로 삼아 겸허하고 신중해야 했으며 편안한 시기에도 위기에 대비해야 했다. 확실히, 갑작스러운 승리 앞에서 주나라인은 싸움에서 이긴 수소처럼 자만하지 않고 오히려 살얼음 위를 걷듯, 깊은 연못 앞을 지나듯 신중을 기했다.

그것은 깊은 근심의 소산이었다.

나중에 주공은 자기가 쓴 찬미의 시 「문왕」에서 아래와 같이 자신의 민족과 동맹자들에게 경고했다.

상나라 귀족들이 주나라 도읍에 왔으니

하늘의 뜻은 실로 정해진 바가 없네

청컨대 상나라를 거울로 삼아
어떻게 천명을 지켜내고
어떻게 천하의 신뢰를 얻을지 생각하기를[4]

주나라인은 어쩌면 이렇게 이지적이고 냉정했을까?
아마도 그들이 농업민족이기 때문이었을 것이다.

---

4 주공이 지은 「문왕」이라는 시는 「시경」 「대아·문왕」에 있으며 본래 내용은 다음과 같다. "주나라
에 복종하게 되었으니, 천명은 일정하지 않구나. 상나라 신하들은 점잖고 민첩하게 움직이며 주나
라 도읍에서 제사 지내네. 제사를 돕는 그들은 상나라 옷을 입고 관을 썼는데, 우리 왕의 충성스러
운 신하가 되었으니, 그대들의 조상은 생각 말기를. 그대들의 조상을 생각 않는가? 그분 같은 덕을
닦아야 하네. 오래 하늘의 명을 지켜 스스로 많은 복을 구할지니, 상나라가 망하기 전에는, 하늘의
뜻을 따를 줄 알았으니, 상나라를 거울로 삼기를, 큰 명은 지키기 쉽지 않네. 큰 명은 지키기 쉽지

경수와
위수 사이

주나라인들은 자신들의 시조를 '기棄'라고 불렀다.

기는 실재했던 사람의 이름일까, 아니면 부족의 이름일까? 정확하지 않다. 그러나 주나라인들은 그가 사람이었고 그의 어머니는 '강원姜嫄'이라고 말했다. 강원은 거대한 발자국을 밟은 탓에 기를 임신해 낳았다. 전설에 따르면 기는 요순시대에 부족연맹의 농업부 장관을 맡아 '후직后稷'이라 불렸다고 한다. '후'는 리더를 뜻하고 '직'은 좁쌀을 뜻하므로 후직은 "농업을 관장한다"는 뜻이다. 왜 요는 기에게 농업을 관장하게 했을까? 왜냐하면 기는 가장 먼저 좁쌀과 밀을 재배한 인물로서 사람들에게 농업의 신으로 추앙받았기 때문이다.

이것은 당연히 전설에 불과하다. 그러나 주나라라인이 농업을 중시했다고 말하는 것은 전혀 문제가 안 된다. '주周'의 갑골문과 금문 형태가 밭 모양이기도 하다. 사실 하·상·주가 차례로 주도권을 이어받으

017

않으니, 그대들의 대에서 끊어지지 않게 하라. 훌륭한 명성이 나게 하고, 상나라의 흥망을 생각하라. 하늘이 하는 일은 소리 없고 냄새도 없으니, 문왕을 본받으면 온 천하가 믿으리라侯服於周, 天命靡常, 殷士膚敏, 裸將於京. 厥作裸將, 常服黼冔, 王之藎臣. 無念爾祖, 無念爾祖, 聿修厥德, 永言配命, 自求多福, 殷之未喪師, 克配上帝, 宜鑑于殷, 駿命不易. 命之不易, 無遏爾躬, 宣昭義問, 有虞殷自天. 上天之載, 無聲無臭. 儀刑文王, 萬邦作孚." 이하 『시경』의 원문 해석은 심영환 편저, 『시경』(홍익출판사, 1999)과 김학주 편저, 『시경』(명문당, 2002)을 참고.—옮긴이

며 선진문화의 대표자 역할을 할 수 있었던 것은 선진적인 생산력 덕분이었다. 그들의 장기를 보면 하나라는 치수, 상나라는 청동기 제작, 주나라는 농업이었다. 주나라는 농업민족이었다.

 갑골문의 '주'　　　　 금문의 '주'

그런데 하나라 문명이 쇠락했을 때 주나라인은 농업을 버리고 유목민족으로 변신해 유목 지역에서 생활했다. 그러다가 공류公劉 때 다시 농업민족으로 복귀했다고 한다. 공류는 인명이며 정확히는 '류'라고 불러야 한다. 공은 직함으로서 왕이나 후侯에 해당된다. '공류'라고 불렀던 것은 아마 그때 주나라인들이 이미 부락국가를 세웠기 때문일 것이다.

그 후 여러 대가 지나 공단보公亶父의 시대가 왔다. 공단보는 이름이 단보이고 공은 역시 직함이다.[5] 그는 나중에 '태왕太王'으로 추존되었다. 공단보에게는 세 아들이 있었는데 첫째인 태백太伯과 둘째인 우중虞仲은 오吳나라의 시조가 되었다고 한다. 막내 계력季歷이 후계자가 되어 공계公季 혹은 왕계王季라 불렸다.

계력의 아들이 바로 주 문왕이며 문왕의 아들은 곧 무왕이다. 주 **018**

---

5 공단보는 『사기』와 많은 역사서에서 흔히 '고공단보古公亶父'라고 칭하지만 옳지 않다. 『시경』의 '고공단보'의 '고'는 '옛날'이라는 뜻이다. 양콴의 『서주사』 참고.

족周族의 계보는 대략 아래와 같다.

역사적 지위	이름	호칭	관계
전설상의 시조	기	후직	강원의 아들
부락국가 창건자	류	공	기의 후예라고 알려짐
주원으로 돌아와 주나라를 건립	단보	공, 태왕	공류의 후예라고 알려짐
주나라의 발전을 이룩	계력	공계, 왕계	단보의 셋째 아들
상나라를 전복시킬 준비를 갖춤	희창	문왕	계력의 장남
상나라의 전복을 실행	희발	무왕	문왕의 차남

그런데 이른바 공류의 시대에 농업으로 복귀했다는 것은 주나라인의 미화일 것이다. 실제 상황을 보면 그전까지 그들은 문화가 낙후되어 '제하諸夏', 즉 하나라와 문화적 동일성을 공유하는 부락국가 중 하나로 받아들여지지 못하고 오랑캐인 '융적戎狄'으로 분류되었다. 하지만 어쨌든 공단보 때 그들은 기산岐山 아래의 주원周原(지금의 산시陝西 성 치산岐山)으로 이주했고 민족의 이름도 '주周'라고 불리기 시작했다.

주원은 아주 훌륭한 곳이었다.

어쩌면 주원은 또 하나의 '메소포타미아'였을 것이다. 두 강 사이에 자리한 곳이기 때문이다. 이곳의 두 강은 나중에 "경위涇渭(사물의 이치에 대한 옳고 그름의 구분이나 분별. 중국의 경수는 흐리고 위수는 맑아 뚜렷이 구분

된다는 데서 나온 말이나 건륭제 때 확인해보니, 실제로는 경수가 맑고 위수가 흐렸다고 함)에 밝다"라는 말에서 쓰이게 된 경수涇水와 위수渭水다. 주원은 땅이 기름지고 물과 풀이 풍부했다. 산나물조차 단맛이고 올빼미가 울면 마치 노래를 부르는 듯했다고 한다.[6] 이 땅에 이주해온 주족은 황무지를 개간해 농사를 짓고 소와 양도 놓아서 길렀다. 『시경詩經』 「소아小雅·무양無羊」에서는 이렇게 읊고 있다.

네가 양이 없다고 누가 그러던가?
양들이 삼백 마리나 되는데
네가 소가 없다고 누가 그러던가?
큰 소가 구십 마리나 되는데
네 양들이 왔다
뿔과 뿔을 서로 밀치며
네 소들이 왔다
큰 귀를 팔랑대며[7]

사실 공단보보다 300~400년 이른 공류 시대에 주나라는 이미 큰 규모의 어엿한 농업민족이었다. 공류가 사람들을 데리고 이주한 적이 있는데, 그것은 개척과 확장을 위해서였다. 그래서 그는 일부만 데리고 가고 일부는 본래 지역에 남겨두었다. 그러면서 남겨지는 사람 **020**

---

6 주원의 채소가 단맛이었다는 것은 『시경』 「대아·면綿」의 "주원은 기름지고, 근채도 씀바귀도 엿과 같네周原膴膴, 菫荼如飴" 참고. 그리고 올빼미 울음이 노랫소리 같았다는 것은 『시경』 「노송魯頌·반수泮水」의 "훨훨 나는 저 올빼미들, 반궁의 숲에 모여, 좋은 소리로 우네翩彼飛鴞, 集於泮林, 食我桑葚, 懷我好音" 참고.
7 『시경』 「소아·무양」: "누가 그대에게 양이 없다던가, 무리가 삼백 마리나 되는데. 누가 그대에게 소가 없다고 했나? 큰 소가 구십 마리나 되는데. 그대의 양떼가 오는 것을 보니, 뿔들이 모여 있네.

들은 안정시키고 떠날 사람들은 단단히 준비하게 했다. 『시경』「대아大
雅·공류公劉」편을 살펴보자.

> 공류는 편히 쉴 틈도 없이
> 밭을 잘 정리하고
> 곳간을 가득 채웠네
> 건량을 넉넉히 준비해
> 행낭을 등에 지었네
> 방패와 창, 도끼를 준비해
> 완전무장도 갖추고서
> 그제야 먼 곳으로 떠났네[8]

그들은 경솔하게 움직이는 사람들이 아니었다.

그것은 전형적인 농업민족의 스타일이었다.

농업은 생산의 주기가 길고 일이 고되며 수확에도 확실한 보장이
없다. 농사철을 어기지 않는 것이 필수이고 세심한 경작도 필수이며
전심전력을 기울이는 것은 당연하다. 그러나 추수 때 폭우나 우박이
라도 오면 그전까지의 공은 물거품처럼 사라지고 낱알 하나 못 거둔다.

이래서 늘 걱정하고 이성적이며 치밀한 계산으로 위험에 대비했다.
상업민족처럼 도박을 좋아해 천금을 날리거나 만금을 벌어들일 가능

그대의 소떼가 오는 것을 보니, 귀들이 움직이네誰謂爾無羊? 三百維群. 誰謂爾無牛? 九十其犉. 爾
羊來思, 其角濈濈. 爾牛來思, 其耳濕濕."
8 『시경』「대아·공류」의 본래 내용은 "돈독하신 공류는, 편안히 있지 않았네. 밭두둑과 경계를 긋
고, 들에 쌓고 창고에 쌓았네. 마른 음식과 곡식을 싸서는, 전대와 자루에 넣었네. 나라를 평화롭고
빛나게 하려고, 활과 화살을 맸네. 창과 방패와 도끼를 들고, 비로소 길을 떠났네篤公劉, 匪居匪康.
乃場乃疆, 乃積乃倉; 乃裹糇糧, 於橐於囊. 思輯用光, 弓矢斯張; 干戈戚揚, 爰方啓行"다.

성은 전혀 없었다.

따라서 줄곧 내륙에서 농경에만 종사해온 주족은 상족商族과 근본적으로 달랐다. 상족은 발해渤海 연안에서 세계 각지를 대상으로 무역을 하고 청동기와 갑골문을 사용했으며 과학, 기술, 예언, 정치화된 샤머니즘에 심취해 자신들의 문명을 낭만적이고 신기하며 기괴하면서도 아름답게 펼쳐나갔다.

상나라와 주나라의 관계는 경수와 위수를 연상시킨다.

이 두 문명의 다른 스타일은 그들이 신과 조상을 대하던 방식에서도 나타난다. 상나라인은 신에게 술을 대접했고 주나라인은 신에게 식사를 대접했다. 고고학자들은 상나라의 예기禮器가 대부분 주기酒器였던 반면, 주나라의 예기는 대부분 식기였음을 발견했다. 주나라인의 제사의식이 훨씬 더 장엄하고 엄숙했다는 것도 상상하기 어렵지 않다. 그들은 엄격히 예법의 규정을 따라, 고기를 넣는 솥인 정鼎과 밥을 넣는 솥인 궤簋를 늘어놓고서 종소리가 울리는 가운데 묵묵히 신과 함께 식사를 했을 것이다. 결코 상나라인들처럼 엉망으로 술에 취해 비틀대며 나체 무도회를 열었을 리는 없다.[9]

상나라인은 '술귀신', 주나라인은 '밥귀신'이었던 것이다.

니체는 그리스 예술에 디오니소스적인 정신과 아폴론적인 정신, 이 두 가지 정신이 있다고 했다. 전자는 감성적인 정신이며 후자는 이성적인 정신이다. 감성과 이성의 통일은 그리스 문명의 핵심이었다.

---

9 고고학자들은 상나라와 주나라의 청동기의 차이가 상나라는 술을, 주나라는 식사를 중시하는 것이었음을 이미 발견했다. 예를 들어 상나라인의 예기는 대부분 존尊, 뇌罍, 유卣, 가斝, 작爵 등의 주기酒器였고 주나라인의 예기는 대부분 정鼎, 궤簋, 수盨, 역鬲, 두豆와 같은 식기였다.

만약 이 내용을 가져와 응용한다면 상나라는 중국의 디오니소스였고 주나라는 중국의 아폴론이었다. 그래서 상나라는 활달하고 주나라는 이성적이었으며 또 상나라는 낭만적이고 주나라는 근엄했다. 그리고 상나라는 무관巫官을 중시한 반면 주나라는 사관史官을, 상나라는 귀신을 중시한 반면 주나라는 인간을 중시했다. 다만 서주 이후에는 주나라의 문화가 주류 문화가 되었고 상나라의 전통은 하위 문화로 변해 남방과 소수민족 거주 지역에서 간헐적으로 나타나게 되었을 뿐이다.

상의 문화가 2선으로 물러난 것은 거의 필연적인 일이었다.

중국 문명의 기조뿐만 아니라 중국 민족의 역사와 문화심리까지 모두 주나라인들에 의해 쇄신되었기 때문이다.

농촌으로
도시를 포위하다

주나라인이 상나라를 칠 생각을 하기 시작한 것은 대략 그들이 기산 아래로 이주했을 때부터였다.

이것은 주나라인 스스로 이야기한 내용이다. 그들의 찬송시 『시경』 「노송魯頌·비궁閟宮」을 보면 "후직의 자손이 실제로 대왕이신데, 기산 남쪽에 계시면서 실은 상나라를 치려고 꾀하셨네后稷之孫, 實維大王; 居岐之陽, 實始翦商"라고 쓰여 있다. 대왕은 곧 태왕 공단보인데 문왕의 부왕인 왕계라고 보는 학자도 있다. 어쨌든 위의 시에 따르면 주나라인은 부락에서 막 부락국가가 되자마자 생쥐 주제에 고양이를 잡을 마음을 품은 것이다.

그러나 고고학의 발견과 사학자들의 연구가 증명하듯 주나라의 정치적, 경제적, 군사적 능력은 상나라에 한참 못 미쳤다. 그렇다면 그들은 무슨 능력에 의지해 성공을 거둔 것일까?

기획과 경영이었다.

첫째 단계는 우방을 만드는 것이었다. 우방은 제강諸羌(강족 계열의 부락국가들)과 제하諸夏를 포괄했으며 각각을 대표하는 것은 강족姜族과 소족召族이었다. 하족임을 자처했던 주나라는 성이 희姬로서 소족과 같았다. 그리고 강족과는 혼인관계였다. 주의 시조인 기의 어머니는 바로 강족의 여자 강원이었다. 이후 주나라는 강족과 대대로 통혼을 했다. 공단보의 아내는 태강太姜이었고 무왕의 아내는 읍강邑姜이었다. 서주 건국 후의 천자들도 한 대 걸러 한 명씩 강씨 성의 왕후를 두었다. 주나라와 강족은 한집안처럼 친했던 것이다.

반면에 강족과 상나라는 서로 철천지원수였다. 갑골문을 보면 상나라인들이 강족 사람을 포로로 잡아 제사의 희생물로 썼다는 내용이 빈번히 나타난다. 그래서 서주 초의 최고 대신인 삼공三公은 주공周公, 소공召公 그리고 강족 출신의 강태공姜太公이었다. 관직은 태공망太公望(강태공의 별칭)이 태사太師, 주공 단旦은 태부太傅, 소공 석奭은 태보太保였다.

그들은 모두 염제炎帝와 황제黃帝의 자손이기도 했다. 염제는 성이 강, 황제는 성이 희였기 때문이다.

둘째 단계는 '남국南國의 경영'이었다. 이것은 주족과 소족이 남쪽으로 주남周南과 소남召南을 확보함으로써 강한江漢 평야(후베이湖北 성 중남부에 있으며 양쯔 강과 한수이漢水 강의 충적토로 이뤄진, 중국에서 해발고도가 가장 낮은 평야 중 하나)에 거점을 마련하는 것을 의미했다. 여기에 동남쪽 오나라의 개국 군주는 문왕의 두 백부였다. 그들이 오나라까지 간 것은 문왕의 부친에게 왕위를 양보하기 위해서였다고 전해진다. 그러나 지금의 시각으로 보면, 아마도 상나라의 퇴로를 막기 위해 공단보가 그들을 파견한 듯하다.

주나라인의 포석은 신중하면서도 탄탄했다.

두 단계를 성공적으로 마친 주나라인은 셋째 단계에 착수했다. 그것은 상나라의 기반을 무너뜨리는 것이었다. 문왕은 서백西伯이라 불리며 상나라 서쪽을 제패한 지 얼마 안 되어, 거리낌 없이 상나라의 몇몇 속국을 멸망시켰다. 밀密(간쑤 성 링타이靈臺), 여黎(산시山西 성 창즈上黨), 우邘(허난河南 성 친양沁陽), 숭崇(산시陝西 성 시안西安) 같은 곳이었는데, 숭을 멸한 후 문왕은 그곳을 자신의 사령부로 바꿔 '풍읍豐邑'이라 불렀다.

그 정도면 거의 상나라의 대문 입구에 다다른 것이나 다름없었고 남쪽, 북쪽, 서쪽, 세 방향이 다 주나라의 세력 범위에 들거나 동맹군이어서 천하의 3분의 2를 손에 쥔 셈이었다. 그런데 그 천하의 3분의 2는 대부분 농촌이었다. 농업민족으로서 그리고 신흥 세력으로서 주나라인은 상나라 왕의 채찍이 미치지 않는 농촌에서 일을 꾀할 수밖에 없었다. 물질적 부와 인적 자원과 정예부대는 여전히 도시에 모여 있었다. 다시 말해 상나라 왕의 수중에 있었다.

농촌으로 도시를 포위하는 전략이 성공할 수 있을까?

뭐라고 말하기 어렵다.

주나라인은 불안해하지 않을 수 없었다.

또한 바로 이때 그들은 『주역周易』을 완성했다. 옛날 사람들은 이 책이 문왕의 작품이라고 말했지만 당연히 그것이 진짜인지 가짜인지 증명할 방법은 없다. 그러나 『주역』이 상나라와 주나라의 교체기에 만들어졌고 그것을 지은 사람이 미래에 대해 불안감을 품었던 것은 틀림없는 사실이다. 왜냐하면 『주역』의 핵심 사상은 바로 '변화變'이고 주요 내용은 곧 64괘의 변천이기 때문이다. 분명히 하늘이 어떻게 괘를 변화시켜 천하의 판도가 바뀔지 예측하려 했을 것이다.

하지만 역사에서는 늘 예상 밖의 일이 벌어지며 사건의 발전과 변화도 사람들의 상상을 초월할 만큼 빠르다. 주나라인이 남쪽, 북쪽, 서쪽, 세 방향에서 상나라를 포위했을 때 동쪽의 이족夷族도 반란을 일으켰다. 그들이 주나라보다 일찍 봉기했기 때문에 상나라의 주왕은 당연히 먼저 그들을 상대했다. 그 결과, 상나라는 승리를 거두기는 했지만 전력에 큰 손실을 입었다. 패배한 이족도 원한을 품었다. 관례에 따라 그들은 포로가 된 후 노예로 전락하거나 제단 위의 인간제물이 되었기 때문이다.

주 무왕에게 기회가 왔다.

027 무왕은 자신감으로 가득했다. 여러 나라 부대가 모인 출정식에서

그는 연합군 장병들을 향해 호언장담했다.

"'수受'(주왕의 이름)에게 이족 병력이 많다고 두려워 마라. 그들은 단 한 명도 수를 따르지 않을 것이다!"

이 말은 나중에 사실로 증명되었다.

우리는 무왕이 출병 전에 자기 아버지의 유작을 읽었는지 읽지 않았는지 알지 못한다. 만약 그가 『주역』을 읽었다면 아마 건괘乾卦 밑에서 "나는 용이 하늘에 있으니, 큰 덕을 가진 사람이 나와 세상을 다스리는 데 이롭다飛龍在天, 利見大人"10라는 구절을 보았을 것이다.

때가 왔도다, 해치워라!

---

10 이 문구는 『주역』 건괘 다섯 번째 효爻의 효사爻辭다.

새 정권의
위기

역시 지나치게 빨리 승리를 거뒀다.

갑작스러운 승리로 인해 주나라인들은 어찌할 바를 몰랐다. 다행히 그들은 곧 정신을 차리고 재빨리 형세를 파악해 대책을 찾아냈다.

우선 천하의 대세를 보기로 하자.

그 당시 천하에는 상당히 많은 민족이 있었을 것이다. 상나라는 그들의 느슨한 연맹체였다. 상 왕국은 그 맹주이자 핵심이었으며 구성원인 나라들 중 어떤 나라는 충성스럽고 어떤 나라는 부덕했으며 또어떤 나라는 반역을 도모했다. 여기에, 연맹에 들지 않은 민족들은 바깥에서 관망하며 음모를 꾸미고 있었다. 그런데 이제 주나라가 맹주를 해치웠으니 천하가 어떤 모양이었을지 상상하기 어렵지 않다.

더구나 그 민족들은 매우 다양했다. 중원 지역에는 '제하諸夏'가, 서쪽 지역에는 '제강諸羌'이, 동쪽과 북쪽에는 각기 '동이東夷'와 '북적北狄'

029

이 있었다. 그리고 남쪽에는 '백복百濮'과 '군만群蠻'이 있었다. 그중에는 부락국가도 있고 부락과 씨족도 있었으며 상나라와 주나라를 대하는 태도도 상이했다. 어느 곳은 상나라와 친했고 어느 곳은 주나라와 친했으며 어느 곳은 왔다 갔다 했다. 어느 쪽과도 안 친하고 독립적인 곳도 있었다. 그들에게 한 가지 공통점이 있었다면, 어느 곳도 결코 만만하지 않다는 것뿐이었다.

더구나 주나라의 동맹국이더라도 논공행상의 문제가 남아 있었다.

하지만 가장 시급한 일은 역시 상나라를 처리하는 것이었다.

사실 무왕이 주왕을 토벌한 것은 상나라의 총본부를 제압한 것에 불과했다. 패배한 상나라인들은 일부가 요동 반도와 한반도로 물러난 것 말고는 대부분의 잔여 세력이 여전히 중원에 흩어진 채 재기의 기회를 호시탐탐 노리고 있었다.

이것은 방비하지 않으면 안 되는 문제였다. 주나라인이 취한 방법은 나누어 다스리는 것이었다. 무왕은 먼저 상나라 유민들을 위해 괴뢰 정권을 세우고 주왕의 아들 무경武庚을 군주로 삼았다. 그런 다음 상나라 국토를 셋으로 나누고서 자신의 형제인 관숙管叔, 채숙蔡叔, 곽숙霍叔에게 군대를 주고 파견해 각각을 감시하게 했다. 그래서 그들의 호칭은 '삼감三監'이었다.

이렇게 이중으로 관리하면 마음을 놓아도 되지 않았을까?

하지만 무왕 자신도 생각지 못한 사태가 벌어졌다. 무왕이 죽은 뒤, 꼭두각시 무경과 동쪽의 부락국가들이 차례로 반기를 들었다. 더구나 그들의 선두에 선 자들은 놀랍게도 상나라인을 감시하기 위해 파견했던 그 세 부대였다.

역사에서는 이것을 '관채管蔡의 난'이라고 부른다.

세워진 지 얼마 안 된 서주 정권은 심각한 위기에 봉착했다.

물론 반란은 결국 주공, 소공, 태공의 아들이 손을 잡고 평정했다. 무경과 관숙은 살해되었고 채숙과 곽숙은 유배를 당했으며 반란에 참가한 상나라 귀족들은 '완민頑民' 혹은 '은완殷頑'이라 불렸다. 주공은 그들을 속이고 구슬러 뤄양洛陽으로 데려가서 '성주成周'라는 새 성에 거주시키고 집중적으로 관리하는 한편, 성주에서 서쪽으로 30리 떨어진 지역에 '왕성王城'을 짓고 서주의 동쪽 도읍東都으로 삼았다. 대우해주는 척하면서 그야말로 옴짝달싹 못하게 만든 셈이었다.

더 돋보인 것은 이성과 냉정함이었다. 무왕의 주왕 토벌에서도, 주공의 반란 진압에서도 승리한 주나라인은 상나라 귀족들을 포로로 취급하지 않았다. 족쇄와 수갑을 채워 감옥에 가두지도 않았고 나라 잃은 노예로 부리지도 않았다. 무경을 살해한 후 주나라인은 또 상나라의 옛 도읍 상추商丘에 주왕의 배다른 형인 미자계微子啓를 봉하고서 국호를 송宋이라 붙여주고 작위 중 가장 높은 공작公爵 대우를 해줬다. 그럼에도 주나라의 신하가 되기를 원치 않는 이들은 자유롭게 머나먼 타향으로 떠나게 했다. 그중 일부는 베링 해협을 넘어 아메리카 대륙으로 가서 인디언의 조상이 되었다는 설도 있다.

완민을 위해 지어준 성주도 독일의 나치 수용소 같은 곳이 아니었다. 그곳에 거주하는 상나라 귀족은 자신의 영지領地와 수하들을 계속 유지했다. 완민 감시의 임무를 띠고 파견된 위후衛侯 강숙康叔은 상나라의 법률을 적용하고 상나라의 현인을 중용하며 상나라의 전통을 존중하라는 지시를 받았다. 여기에는 가능한 한 그들의 관습을 너그럽게 대해주라는 것까지 포함되었다. 예를 들어 똑같이 술을 마시다 취해 행패를 부려도 주나라인은 결코 봐주는 법이 없었는데 상나라인은 가볍게 처벌했다.

서주의 통치자는 설마 부처님이었던 것일까?

물론 그렇지는 않았다. 그들의 이런 조치는 회유책에 불과했고 달리 꿍꿍이속이 있었다. 예를 들어 상나라인의 폭음을 봐준 것은 방탕에 빠지게 방조한 혐의가 있다. 그러나 주공의 후손인 노魯나라에서는 상나라 유민들이 자신들의 제단을 가질 수 있었고 그것을 '박사亳社'라고 불렀다. 박사와 주사周社는 나란히 모셔졌고 주나라인은 박사에 대해서도 줄곧 공경을 표시했는데, 이것도 설마 위선이었던 것일까?

천성이 너그러워서도 아니고 꼭 음험한 속셈이 있었던 것도 아니라면 주나라인은 왜 그랬던 걸까?

걱정을 떨칠 수 없었기 때문이었다.

천명과
수권

주공은 평생토록 걱정을 떨치지 못했다. 언젠가 그는 아들에게 이렇게 말했다.

"나는 문왕의 아들이자 무왕의 동생이고 지금 주나라 왕의 숙부이니 지위가 낮은 것은 아니지 않느냐? 그런데도 나는 머리를 감을 때도, 식사를 할 때도 걸핏하면 중간에 멈추고 속 시원히 하지 못한다. 왜 그런 줄 아느냐? 한시도 긴장을 풀지 못하기 때문이다!"

이상한 일이다. 이미 반란도 평정한 마당에 그는 무엇이 또 걱정이었던 걸까?

민심의 불복이 걱정이었다.

사실상 무경과 삼감의 반란이 주공에게 경종을 울렸다. 주공은 잘 알고 있었다. 새 정권을 하룻밤 사이에 세우기란 불가능하다는 것을. 그리고 무력에만 의지해 백성을 복종하게 하는 것도 어려운 일이었다. 회유책을 병행해도 마찬가지였다. 그도 그럴 것이 주나라처럼 손바닥만 한 나라가 뭘 믿고 천하의 주인 행세를 하겠는가? 그리고 주나라는 국력이 상나라에 한참 못 미치는데도 뜻밖의 승리를 거뒀다. 이런 승리를 지켜낼 수 있을까? 이런 정권을 신뢰하게 할 수 있을까?

그렇다고 말하기 어렵다.

사실 남들은 물론이요 주나라인들 스스로도 애가 탔을 것이다. 그것은 해석도 필요하고 설명도 필요했다. 여기에 논증도 필요했으며 두 가지 중요한 문제에 관해 사상적, 이론적으로 답하는 것도 필요했다.

그 두 가지 문제는 무엇이었을까?

혁명의 합리성과 정권의 정통성이었다.

생각하지 않을 수 없고 답하지 않을 수도 없는 문제들이다. 알아둬야 할 것은, 이에 대해 의문을 품는 사람들이 전국시대와 진·한秦漢시대까지 계속해서 존재했다는 사실이다. 제齊나라 선왕宣王이 맹자에게 물은 적도 있고 한나라 선제宣帝 때 유가와 도가가 토론을 벌인 적도 있다. 지금을 기준으로 옛날을 헤아린다면 서주 정권이 아직 안정되지 못했을 때도 틀림없이 온갖 논의가 벌어졌을 것이다. 당사자로서 주공 등도 결코 그것을 도외시했을 리 없다.

주나라인은 거리낌 없이 답했다.[11]

그런데 주공부터 소목공召穆公(소공의 후손이며 주 여왕厲王의 폭정으로 일어난 반란 중에 태자 정靜을 자기 집에 숨겨 살렸지만 대신 자기 아들을 잃었다. 나중

11 혁명의 합리성과 정권의 정통성 문제에 관해서는 『시경』 「대아」의 「문왕」, 「황의皇矣」, 「탕蕩」과 『상서』의 「대고大誥」 「주고酒誥」 「소고召誥」 「군석君奭」 등이 모두 답하고 있다.

에 그의 도움으로 왕위에 오른 태자가 바로 주 선왕宣王이다)에 이르기까지, 그리고 그들의 후손에 이르기까지 오고 간 이야기의 답은 단 하나, 천명이었다.

천명이란 무엇일까? 운이 아니라 권한의 부여, 즉 '수권授權'이다. 『시경』 「상송商頌」에서 상나라 시조 설契의 탄생에 관해 노래한 「검은 새玄鳥」를 보면 "하늘이 검은 새에게 명하여 지상에 내려가 상商을 낳게 했다天命玄鳥, 降而生商"라고 읊고 있다. 이것은 하늘이 검은 새를 천사로 파견해 상나라인들에게 역사적 사명을 부여했다는 뜻이다.

이로써 얻어진 것은 중국에 자리할 '권리'와 천하를 다스릴 '권력'이었다. 중국에 자리한다는 것은 '대표권'으로서 중국 문명을 대표한다는 것이며, 천하를 다스린다는 것은 '통치권'으로서 중국 민족을 다스린다는 것이다. 여기에서 천하를 다스리는 것의 전제는 중국에 자리하는 것임을 알 수 있다. 서주 초기의 청동기 하준何尊(1963년 산시陝西성 바오지寶鷄 천장陳倉 구에서 출토된 높이 38.8센티미터, 무게 14.6킬로그램의 잔 모양 청동기. 무왕의 아들 성왕成王으로부터 포상을 받은 하씨 성의 귀족이 그것을 기념해 만들었으며 안쪽 바닥에 모두 12행 122자의 명문이 새겨져 역사적으로 중요한 가치가 있다)에 새겨진 명문의 글귀를 빌려와 표현한다면 곧 '이 중국에 거하라宅玆中國'다. 이것은 주나라인이 뤄양에 따로 새 도읍을 건설한 이유 중 하나이기도 했다.

035　　중국에 자리하는 것이 왜 전제였을까?

이것은 중국 민족의 세계관과 관련이 있다. 옛날 중국인들은 세상이 하늘과 땅으로 이뤄졌다고 생각했다. 둥근 하늘은 위에, 네모난 땅은 아래에 있고 드높은 곳에 있는 하늘은 마치 텐트처럼 온 대지를 덮고 있다고 여겼다. 그래서 전 세계를 '온 하늘 아래'라는 뜻의 '보천지하普天之下'라고 불렀고 이것의 약칭이 바로 '천하'다. 둥근 하늘이 네모난 땅을 덮은 상태에서 여분의 면적은 바다이며 그것이 동, 서, 남, 북에 각기 하나씩 있다고 해서 '사해四海'라는 말이 생겼다. 천하는 이 '사해의 안四海之內'에 있으므로 '해내海內'라고도 불렸다. 그리고 네모반듯한 '땅' 안에 두 개의 대각선을 그어 생기는 교차점이 천하의 한가운데인데, 여기에 건설된 도시와 정권을 바로 '중국'이라고 했다.

천하 한가운데의 '중국'은 하늘 한가운데의 '중천中天'에 대응하여 정

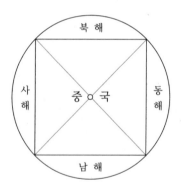

옛날 사람들이 생각한, 하늘은 둥글고 땅은 네모난 세상.

통, 정종正宗, 정규正規를 의미했다. 하나라와 상나라와 주나라가 모두 "중국에 자리하면서" 쟁취한 것은 바로 '정正'이었다. 정은 연맹의 우두머리나 군주가 이미 '하늘의 마음天心'을 얻어 '하늘의 총아天之驕子', 즉 '천자'가 되었음을 의미한다.

그러나 이것은 지리적 위치와는 사실 별다른 관계가 없었다. 안 그랬으면 도읍을 옮기는 것 자체가 불가능했을 것이다. 물론 외진 곳으로 갈 수는 없었지만 적당히 이동하는 것은 괜찮았다. 역시 관건은 천명을 얻는 데 있었다. 반대로 하늘이 천명을 거둬들여 어떤 인물이나 민족이 더 이상 천자가 되지 못하게 하면 그것을 가리켜 '혁명革命'('혁'은 고친다는 뜻이므로 천명을 고친다는 의미)이라 불렀다. 상의 탕왕湯王이 하의 걸왕桀王을 멸한 것은 상나라가 하나라의 천명을 고친 것이고 주의 무왕이 상의 주왕을 멸한 것은 주나라가 상나라의 천명을 고친 것이었다. 따라서 무왕이 주왕을 토벌한 것은 이치에 부합했고 서주 정권도 정통성이 있는 셈이었다.

천명을 받아 중국에 자리하고 중국에 자리하며 천하를 다스리는 데 문제가 있을 수 있었을까?

있을 수 있었다.

진상을
왜곡하다

주나라인의 이런 주장은 확실히 논리가 치밀하고 조리가 있으며 간단명료해서 꽤나 설득력 있게 들린다는 점을 부인할 수 없다. 그러나 조금만 생각하면 얼마든지 의문을 제기할 수 있다.

의문의 제기는 거의 필연적인 일이었다.

그렇다. 아무리 "혁명에는 이유가 있고 천명은 무상하더라도革命有理, 天命無常", 또한 왕조가 바뀌는 것은 지극히 당연한 일이라고는 해도 왜 하필 주나라인이 혁명을 한 것일까? "주나라가 오래된 나라이기는 하지만 그 천명은 새로웠다周雖舊邦, 其命維新"라는 『시경』「대아·문왕」의 시구가 설마 이유가 될 수 있을까? 그렇다면 다른 부락국가들은 천명이 다 낡기라도 했다는 것인가? 게다가 상나라인은 어쨌든 검은 새에게서 천명을 전달받았다. 주나라는? 그것과 비슷한 일조차 없었다. 그들의 시조, 기는 어머니 강원이 거대한 발자국을 밟은 뒤 잉태해 낳 **038**

은 인물이었다. 그렇다면 그 거인은 누구였을까? 고대 그리스 신화의 타이탄 족일까? 그것은 하늘만이 알 것이다. 이 이야기는 "하늘이 검은 새에게 명하여 지상에 내려가 상을 낳게 했다"라는 이야기보다 한참 못하다. 어찌 보면 기가 사생아였다는 것을 증명할 뿐이다.

확실히, 하늘이 생각을 바꾸었다고 말하는 것만으로는 부족했다. 문왕이 상제의 측근이라고 말해도 믿어줄 사람은 없었다. 세상은 바뀔 수밖에 없었고 나아가 올바르게 천자가 바뀌었다고 증명해야 했다.

이 요구는 대단히 합리적이다.

사실상 주나라인은 결국 자신을 증명했지만 그러기까지는 시간과 과정이 필요했다. 앞에서 언급한 주장을 아우르는 그들의 전체 논리가 모두 주공 한 사람의 생각은 아니었을 것이며 짧은 시간에 완성되었을 리도 없다. 다만 한 가지 유일하게 확인할 수 있는 것은 건국 초, 그들에게 안정과 순조로운 미래를 보장할 방안이 필요했다는 사실뿐이다. 주나라인은 상나라가 대표했던 '중국의 전통'을 이으면서도 또한 상나라와 확실하게 선을 그으려 했기 때문이다.

전통을 잇는 방법은 '중국에 자리하는 것'이었지만 상나라와 확실하게 선을 그으려면 '천명을 받는 것'을 따지는 수밖에 없었다. 그렇다면 똑같이 신성한 천명을 받은 정통성 있는 정권으로서 주나라와 상나라는 어떤 차이가 있었을까?

039 상나라 왕은 '신의 아들'이었고 주나라 왕은 '하늘의 아들'이었다.

상나라와 주나라는 모두 '하늘'을 중요하게 여겼지만 태도가 달랐다. 주나라인은 하늘을 숭상하고 감사하게 생각했다. 『주역』의 인생관은 "하늘의 운행은 건실하니, 이를 본받아 군자는 스스로 강해지기 위해 쉬지 않고 힘쓴다天行健, 君子以自強不息"이다. 반면 상나라인은 하늘을 미워하고 조롱했다. 심지어 어떤 의식 혹은 놀이가 있었는데, 가죽 부대에 피를 담아 높이 걸고서 화살을 쏘아 관통시키고는 "하늘을 쏘았다射天"고 했다. 그리고 전설 속의 '형천刑天'(본래 인간의 모습을 한 거인이었지만 황제에게 홀로 도전했다가 목이 잘렸다. 그런데도 젖꼭지를 눈으로, 배꼽을 입으로 삼아 연명하며 방패와 도끼를 들고 계속 날뛰었다고 한다)도 아마 상나라인에게 해를 입은 천신일 것이다.[12]

상나라와 주나라에는 또 모두 '상제'가 있었지만 의미가 달랐다. 상나라인의 상제는 그들의 조상 제곡帝嚳이었던 것 같다. '제帝'에 대한 그들의 생각은 제의 본래 뜻인 '창건자'와 그리 멀지 않았다. 다만 그들의 조상이 이미 죽어 하늘에 있어서 '상제上帝', 즉 천상의 제帝일 따름이었다. 현재의 상나라 왕은 '하제下帝', 즉 인간 세상의 제였다. 이런 상제는 당연히 편파적이게 마련이어서 단지 상나라인만, 심지어 상나라 왕만 보호해줬다. 상나라가 고집불통 어린아이처럼 되어 결국 고립무원의 상태에 빠지기까지 아마 이것도 한 원인으로 작용했을 것이다.

주나라인의 상제는 자연계, 즉 온 세상을 뒤덮고 있는 하늘이었다.

"하늘을 쏘는" 의식 혹은 놀이는 『사기』의 「은본기殷本紀」와 「송세가宋世家」 참고. 쉬줘윈의 『서주사』도 참고할 필요가 있다.

하늘은 높은 곳에서 말없이 존재하지만 아주 작은 것까지 살피고 모든 것을 통찰했다. 누가 좋고 누가 나쁜지도 완벽히 꿰뚫어보기에 비로소 천명과 혁명이 있을 수 있었다. 더 중요한 것은 하늘이 '만민의 신'으로서 공정하고 사사로움이 없는 것이었다. 세상 사람들은 다 하늘의 자식 같은 백성이었다. 이처럼 백성을 위하는 '하늘'이니 아무래도 '제'보다는 군주를 더 잘 선택하지 않을까?

답은 긍정에 가까울 것이다.

따라서 주나라의 천자는 '만민의 신'이 선출한 '만민의 왕'이었다. 그런 인물이 어찌 "중국에 자리할" 자격이 있는 정도에 그치겠는가. 그야말로 '세상의 왕'이 될 만했다.

이것은 실로 "하늘을 훔쳐 해와 바꾼" 격이었다.

그렇다. 세상이 공유하는 '하늘'을 훔쳐 상나라만 향유하던 '해'와 바꿔치기했다.

그것이 주나라인의 깊은 계산속이었는지 번뜩이는 영감이었는지 아는 사람은 없다. 아마 계산속이면서 영감도 곁들여졌을 것이다. 어쨌든 이렇게 되어 그들은 국가제도와 사회제도부터 문화제도에 이르기까지 철저한 혁신을 하게 되었다.

새 제도가 낡은 제도를 대체하고 새로운 문화가 오래된 문화를 대체하는 것은 피할 수 없는 추세다.[13]

태양의 신조神鳥를 따라 동쪽에서 중원에 들어온 상족은 당연히 이

---

13 왕궈웨이王國維는 「은주제도론殷周制度論」에서 상나라에서 주나라로의 변화가, 낡은 제도와 낡은 문화가 폐기되고 새로운 제도와 새로운 문화가 수립된 것이라고 보았다.

런 날이 오리라고는 생각조차 못 했을 것이다. 서쪽에서 온 주나라인
도 자신들이 구세계의 태양을 좇다가 이처럼 신세계에 들어서게 되리
라고는 예상치 못했을 것이다.

이번에는 태양이 정말 서쪽에서 솟아오르려 하고 있었다.

팀파니

서쪽에서
태양이 떠오르다

태양이 서쪽에서 솟아오르는 것은 결코 신기한 일이 아니었다. 주나라 이전, 염제는 서쪽에서 왔고 '태양신'이었다. 주나라 이후, 진나라인도 서쪽에서 왔고 시황제始皇帝를 낳았다. 주나라부터 당나라까지 '중국'은 줄곧 서쪽에 있었고 '태양'도 모두 서쪽에서 동쪽으로 이동했다. 즉, 서주에서 동주, 서한(전한)에서 동한(후한), 서진에서 동진의 순서였다. 예외 없이 '서'가 앞, '동'이 뒤였다.

당나라 이후에는 남북으로 이동했다. 송나라는 도읍을 카이펑開封으로 정했지만 네 개의 경부京府가 있었다. 동경은 개봉부, 서경은 하남부河南府(뤄양), 남경은 응천부應天府(상추商丘), 북경은 대명부大名府였다. 남송의 수도가 항저우 임안부臨安府가 된 것은 '중국'이 남쪽으로 이동한 것이었다. 원, 명, 청에 와서야 "북쪽에 자리를 잡고 남쪽을 향함으로써" 더 이상 이동하지 않았다. 주원장朱元璋이 남경에 도읍을 정했 **044**

던 것은 작은 에피소드에 불과하다.

확실히 여기에서 말하는 '중국'은 지리적 개념이 아니라 정치적, 문화적 개념이며 그중에서도 문화적 개념의 의미가 더 크다. 왜냐하면 중국 문명을 이은 정권만이 '중국'이라고 자처할 자격이 있기 때문이었다. 그것은 동서남북, 어느 쪽에 있든 상관이 없었다. 만약 이민족이 침입해 통치자가 된다면 첫째, 천하통일을 해야 했고 둘째, 중국 민족에 동화되어야 했다. 그렇지 않으면 인정받지 못했다.

이런 관념은 주나라의 문화적 유산이었다.

확실히 중국 문명의 바탕은 주나라인에 의해 마련되었다. 주나라 이전, 삼황오제부터 하나라까지는 모색 단계였고 상나라는 중국 민족의 거칠고 미숙한 유년기였다. 주나라 이후에야 성숙하고 안정되었다. 국가제도는 신해혁명 이전까지 단 한 번 바뀌었는데 그 시기는 전국시대부터 진·한 시대였다. 그리고 사회제도와 문화제도는 서주부터 명·청대까지 계속 이어졌다. 그것은 바로 '소농경제를 기초로 한 종법宗法제도와 '삼강오륜'의 윤리를 핵심으로 하는 예악禮樂제도'였다. 바로 이것들이 중국 민족의 정신적 기질을 결정했다.

주나라는 중국 문명의 본격적인 시작을 알리는 '팀파니'였다.

주나라인은 중국 문명의 창시자였다.

그런데 세계적인 범위에서 주나라의 제도와 문화는 특별한 경우에 속했다.

메소포타미아는 언급하지 않겠다. 혼란했기 때문이다. 인도와 그리스도 언급하지 않겠다. 무왕의 주왕 토벌 전, 드라비다인이 세운 인더스 문명과 미노스인이 세운 크레타 문명은 이미 차례로 몰락했고 수백 년의 공백을 남겼다. 그리고 이때 인도는 아리아인의 베다시대였고 그리스는 도리아인의 호머시대였다. 모두 중국의 요순시대에 상응한다.

그나마 비교할 만한 문명은 이집트다.

이집트는 그야말로 또 하나의 상나라였다. 두 나라 모두 국왕은 '신의 아들'이고 그 신은 새였다. 단지 이집트의 경우는 매(호루스)였고 상나라의 경우는 제비(검은 새)인 것만 달랐다. 그러나 이집트의 신권정치는 상나라보다 훨씬 더 오래 지속되었다. 제1왕조를 수립한 때부터 페르시아 제국의 지방 행정구역으로 전락하기까지 2500~2600년 정도 유지되었다. 물론 그 사이에 여러 번 왕조 교체는 있었다. 심지어 리비아인과 에티오피아인의 왕조도 있었다. 왕조의 최고 보호신도 호루스, 라, 아몬, 아톤이 돌아가며 맡았다. 그러나 모두 태양신이었고 태양신이 없을 수는 없었다.

사실 군권신수君權神授는 군주제에서 흔히 나타난다. 예를 들어 바빌로니아의 함무라비는 자신을 '천신의 후예'라고 했고, 아카드 국왕은 아예 자신을 신이라고 칭했다. 유럽 중세의 봉건군주들도 교황에게 왕관을 쓰게 했다. 그런데 주나라인은 유독 신이 아니라 하늘天이

군권을 부여한다고 했다. 즉 신수가 아니라 '천수天授'라고 주장한 것이다.

신수와 천수는 다른가?

물론 다르다.

신수는 종교적이고 천수는 윤리적이다.

사실 주나라인의 '하늘'은 기독교의 하느님처럼 자연과 세속을 초월한 존재가 아니었다. 또한 이집트의 호루스나 상나라의 제곡 같은 인격신은 더더욱 아니었다. 그것은 자연계이면서 '위대한 인간' '인간의 부모'이기도 했고 나아가 세상의 모든 사람 혹은 전 인류의 것이기도 했다. 그렇기 때문에 하늘은 인류사회에 대해 '인문적 관심'을 표현하곤 했다.

이러한 독특함은 '태양이 서쪽에서 솟아오르는 것'에 비견될 만했다.

서쪽에서 솟아오른 태양은 놀랍게 오래 지속되었다. 군권이 신에 의해 주어지던 이집트는 다른 민족에게 멸망당했다. 유럽에서도 군권신수의 관념은 전복되었다. 오직 중국의 '군권천수'만 민주주의의 물결이 전 지구를 뒤덮기 전까지 3000년간 면면히 이어졌다. 모든 천자는 스스로 "천명을 받들었다"고 칭했다. 이것을 의심하는 사람은 없었으며 황제가 필요 없다고 생각하는 사람도 없었다. 단지 어떤 황제가 천명을 얻은 것이 맞는지, 그것만 문제가 되었다.

천명을 받고 즉위한 천자는 모두가 원하고 받아들인 것으로 보였다.

혹시 여기에도 어떤 심오한 비밀이 숨어 있지는 않을까?

전철을 밟으면
안 된다

군권천수는 걱정의 산물이었다.

그때를 돌아보면, 무왕과 주공을 곤혹스럽게 만든 문제는 "승리가 왜 이렇게 빨리 왔을까?"였다. 이에 대해 『상서尚書』에서는 "앞의 군대가 창을 반대쪽으로 겨눴다前徒倒戈"라고 말한다. 다시 말해, 주왕이 파견한 선봉부대가 전선에 도착하자마자 창끝을 거꾸로 주왕에게 겨눴다는 것이다. 이랬으니 당연히 승리가 빨리 올 수밖에 없었다.

그런데 이 사건을 의심하는 사람도 있다. 왜냐하면 "앞의 군대가 창을 반대쪽으로 겨눴다"라는 말 뒤에 "피가 흘러 절굿공이가 떠다녔다血流漂杵"는 말이 또 있기 때문이다. 주왕의 군대가 반기를 들었다면 전쟁이 날 일이 없었을 텐데 어째서 피가 강을 이뤄 절굿공이가 그 위에 떠다녔을까? 그래서 맹자는 뒤의 구절을 두고서 "기록을 다 믿는다면 기록이 아예 없는 편이 낫다盡信書則不如無書"고 회의했다.

그렇다면 "앞의 군대가 창을 반대쪽으로 겨눴다"와 "피가 흘러 절 굿공이가 떠다녔다" 중 어느 쪽이 믿을 만할까?

둘 다 믿을 만하다. 당시 양쪽의 세력을 비교해보면 무왕은 주왕을 토벌하기에는 다소 역부족이었다. 단지 강태공이 고집을 부려 도박을 벌여보기로 결정한 것이었다. 만약 상나라의 선봉부대가 반란을 일으키지 않았다면 전승을 거두는 일은 불가능했을 것이다. 그 후에 계속 승승장구한 것도 유리한 추세를 끝까지 밀고 나간 것에 불과했다. 따라서 일부 지역에서 "피가 흘러 절굿공이가 떠다녔다"는 것은 충분히 가능한 일이다. 사실 군대 전체가 다 반란을 일으켰을 리도 없고 어쨌든 대항하는 상나라인들이 있었을 것이기 때문이다.

여기서 또 질문해야 할 것이 있다. 주왕의 선봉부대는 왜 반란을 일으켰을까?

당연히 상나라가 인심을 얻지 못했기 때문이다.

상나라는 왜 인심을 얻지 못했을까?

사람을 사람으로 취급하지 않았기 때문이다.

정말 그랬을까? 그랬다. 증거는 바로 '순장'과 '인간제물'이다.

순장은 산 사람을 무덤의 부장품으로 쓰는 것이며 인간제물 역시 산 사람을 제사의 희생물로 삼는 것이다. 부장품은 원시시대부터 있었지만 대부분 각종 도구들이었다. 희생물도 원시시대부터 있었는데 모두 말, 소, 양, 돼지, 개, 닭 같은 동물이었다. 이 동물들은 기를 때는 '축畜'이라 부르고 죽일 때는 '생牲'이라 불렀으며 합쳐서 '축생'이라고 했다. 제사에서 산 사람을 쓰는 것은 사람을 동물 취급하는 것이고 부장품으로 산 사람을 쓰는 것은 사람을 도구 취급하는 것이니, 전부 "사람을 사람으로 취급하지 않는" 것이었다.

세상에 이렇게 잔인하고 비인도적인 일이 또 있었을까?

있었다. 남미 대륙의 마야, 테오티우아칸, 아스테카에서는 산 사람을 바치는 제사가 성행했다. 그 방식은 먼저 건장한 네 명의 사제가 사람을 혼절시킨 뒤, 펄떡대는 심장을 끄집어내 신 앞에 바치는 것이었다. 아스테카의 가장 성대한 제사에서는 그런 심장이 대략 2만 개나 쓰였다고 한다. 그래서 서기 1487년, 사제들은 꼬박 나흘 밤낮을 들여 간신히 신전 건축을 축하하는 제사 준비를 마쳤다.

상나라의 제사도 그랬을까? 그 남미인들이 정말 바다를 건너간 상나라 유민이 맞다면 그랬을 것이다. 산 사람을 제물로 바치는 의식을 중국에서 가져간 것일 테니까. 어쨌든 상나라의 순장과 인간제물 풍습은 문헌에도 기록이 남아 있고 고고학적 발견도 있으므로 더 이상 의심할 여지가 없다.

이랬으니 상나라가 어떻게 인심을 얻었겠는가.

더구나 상나라는 제사가 아주 빈번해서 노예와 평민뿐만 아니라 귀족도 산 제물로 바쳤다. 귀족은 '가격'이 매우 높아서 한 명이 노예 1만 명과 맞먹었다. 물론 많이 살해되는 자들은 노예였다. 예를 들어

포로가 된 이족 같은 자들이었다. 그때 주왕의 직계 부대는 멀리 동쪽 전장에 있었기 때문에 임시로 동원되어 주 무왕을 상대한 군사들은 사람 취급도 못 받던 바로 그 전쟁 포로들이었다. 그들은 일할 때는 소나 말로, 제사 때는 '축생'으로 취급받다가 이제는 전장의 '총알받이' 신세로 전락했다. 이랬으니 창끝을 거꾸로 겨눈 게 당연했다! 이것은 피의 교훈이었다!

새로 생긴 정권이 오랫동안 안정을 유지하려면 반드시 과거 정권과 정반대되는 방법을 택해야 한다. 상나라가 붕괴된 원인이 "사람을 사람으로 취급하지 않았기" 때문이니, 승리한 주나라는 "사람을 사람으로 취급해야 했다."

그래서 어떤 새로운 사상 혹은 개념이 조숙한 싹을 틔웠다.

그것은 바로 사람을 근본으로 삼는 인본주의였다.

사람을
근본으로 삼다

인본주의는 주나라 제도와 문화의 사상적 배경이다.

주나라인은 중국 문명의 대표권을 얻자마자 비인도적인 순장과 인간제물을 없앴다. 물론 인간제물은 기본적으로 사라졌지만 순장은 청나라 시대까지 존속했다. 사형제 폐지처럼 오랜 의식의 확산 과정이 필요했던 것이다. 그러나 순장이든 인간제물이든 주나라 이후로는 더 이상 상나라 시대의 정당성을 지니지 못했고 주류 사회와 정인군자의 제재 및 비난을 감수해야 했다.

두 가지 사건이 이를 증명해준다.

기원전 641년, 송나라 양공襄公이 조曹, 주邾 두 나라와 만나 동맹을 맺고 증鄫의 군주를 죽여 토지신에게 바칠 제물로 쓰고자 했다. 이때 자어子魚라는 군법무관이 강력히 반대했다.

"큰 짐승으로 작은 제사를 지내는 것도 안 될 일인데 사람을 사용하다니요! 제사는 손님 접대와 같은데 어찌 인육을 먹겠습니까? 그렇게 세상일에 반하는 일을 하시면 결말이 좋을 리가 없습니다."[1]

유감스럽게도 자어의 반대는 성공하지 못해서 그 운수 나쁜 군주는 끝내 살해되고 말았다. 그러나 순장에 반대한 제나라 진자항陳子亢은 자기 뜻을 관철시켰다. 그의 형인 진자거陳子車가 죽었을 때, 형수와 집사는 산 사람을 순장하자는 이야기를 꺼냈다. 진자거가 다른 나라에서 보살핌도 잘 못 받고 병사했다는 것이 그 이유였다. 진자항은 즉시 그것은 예법에 맞지 않는 데다 자기 형을 가장 잘 보살펴야 할 사람은 바로 그 두 사람이라고 반박했다. 진자거의 부인과 집사는 당연히 꿀 먹은 벙어리가 되었다.[2]

진자항은 공자의 팬이었고 공자는 순장에 반대했을 뿐만 아니라 사람 대신 인형을 사용하는 것조차 싫어했다. 순장용 인형에는 흙인형과 나무인형이 있었다. 이런 종류의 물건을 공자는 극도로 혐오해서 심지어 "인형을 처음 만든 자는 대가 끊길 것이다始作俑者, 其無後乎!"라고까지 말했다.[3]

참으로 이상한 일이다. 흙인형과 나무인형을 발명한 것은 본래 산사람을 대신하게 하기 위해서였다. 사람을 산 채로 묻는 것에 비해 훨씬 더 진보적인 방식이었는데 공자는 왜 그런 저주를 했을까?

공자는 근본적으로 순장에 반대했기 때문이다.

공자가 보기에 순장은 인仁에 어긋났고 예가 아니었다. 그래서 산

---

1 자어가 인간제물을 반대한 내용은 『좌전左傳』 희공僖公 19년 참고.
2 진자항이 순장을 반대한 내용은 『예기』 「단궁 하檀弓下」 참고.
3 공자가 순장용 인형을 '불인不仁'하다고 한 것은 『예기』 「단궁 하」를, 인형을 처음 만든 자의 대가 끊길 것이라고 한 것은 『맹자』 「양혜왕 상梁惠王上」 참고.

사람을 쓰든, 죽은 사람을 쓰든 안 되는 일이었고 또한 진짜 사람을 쓰든, 가짜 사람을 쓰든 역시 안 되는 일이었다. 인형으로 순장을 하더라도 그것은 순장의 합리성과 합법성을 인정하는 것과 같았다. 거짓으로 진실을 어지럽히는 '짝퉁' 순장인 셈이었다. 그런 식으로 빌미를 남기면 언제든 진짜 순장이 되살아날 가능성이 있으므로 철저히 제재해야만 했다.

확실히 그것은 소박하고 원시적인 인도주의였다. 바로 이것이 나중에 '인'의 개념으로 발전한다. '인'의 본래 의미는 바로 '사람을 사람으로 취급하는 것'이기 때문이다.

그런데 이것은 '군권천수'와 또 무슨 관계가 있을까?

'천인합일天人合一'이다.

명확한 개념과 체계적인 이론으로서의 천인합일 관념은 전한 때 만들어졌지만 맹아는 그보다 훨씬 더 전에 생겼다. 갑골문과 금문의 '천天'은 본래 '인人'이었다. 글자 모양은 정면을 향해 서 있는 사람 형상의 머리에 동그라미가 있거나 둥근 점이 있거나 가로선이 그어져 있다. 그래서 '천'은 본래 사람의 머리를, 다시 말하면 정수리를 가리켰으며 나중에야 '하늘'로 그리고 더 나중에야 '하느님'으로 파생되었다.

하늘天은 바로 사람人이다.

더 중요한 것은 "하늘은 우리 백성이 보는 것을 따라서 보고 우리 백성이 듣는 것을 따라서 듣는다天視自我民視"는 사실이었다. 무왕은 주

갑골문의 '천'-1

 갑골문의 '천'-2

 갑골문의 '천'-3

 금문의 '천'

왕을 토벌하러 떠나는 출정식에서 아래와 같이 말했다.

"하늘은 '만물의 부모'이며 사람은 '만물의 영장'이므로 하늘의 뜻은 곧 백성의 뜻이다. 백성이 옹호하는 사람에게 하늘은 천명을 주고, 백성이 증오하는 사람에게서 하늘은 천명을 회수한다. 상나라의 주왕은 스스로 하늘과 척을 지고 백성에게 원한을 샀으니 죽어 마땅하다!"

무왕이 정말 이 말을 한 적이 있을까?

심히 의심스럽다.

주왕 토벌의 정당성을 역설한 무왕의 저 변명은 십중팔구 후대 사람이 지어낸 것이 분명하다. 하지만 지어낸 그 사람도 주나라인이므로 역시 주나라의 사상인 것은 맞다. 그리고 유사한 견해가 주나라

인의 기록에서 빈번히 나타나기 때문에 어쨌든 전혀 근거가 없다고
는 말할 수 없다. 더구나 지어낸 것이기는 해도 아주 훌륭하게 지어
냈다! "하늘은 우리 백성이 보는 것을 따라서 보고 우리 백성이 듣는
것을 따라서 듣는다"는 논리에 따라 '군권천수'를 '군권민수君權民授'로,
즉 '군주의 권한을 백성이 부여하는 것'으로 슬며시 바꿔놓았기 때문
이다.

　이것은 '위대한 거짓말'이다.

　하지만 의문은 계속해서 생겨난다. 새 정권이 하늘과 백성으로부
터 권한을 받았다는 것을 인정하더라도, 하늘이든 백성이든 왜 하필
주나라에게 권한을 주었을까?

　주나라인은 자신들의 군주가 덕이 있어서였다고 말했다.

덕치

주나라 왕에게 덕이 있었던가?

있었다고 한다.

서주의 문화인들이 남긴 기록에서 주나라의 선왕들은 모두 도덕적 본보기로서 너그럽고 인자하며 정사에 힘쓰고 백성을 사랑하는 동시에 현명한 인재를 겸양으로 대한다. 예를 들어 매년 봄갈이 때면 주나라 왕은 경작지에 나와서 '엽례籍禮'를 행하여, 농부에게 직접 밥을 가져다주는 표현을 했다고 한다. 이런 종류의 예가 워낙 많아서 아마 근거가 없지는 않은 듯하며 주나라의 사관과 시인들은 어쨌든 나치 독일의 선전부장 괴벨스는 아니었다. 더구나 혹시 쇼일지라도 상나라 왕의 채찍보다는 훨씬 나았다.

결국 천하는 주나라에 굴복했다. "대국은 주나라의 힘을 두려워했고 소국은 주나라의 덕을 따랐다大國畏其力, 小國懷其德."[4] 이 말은 사실

4 「좌전」 양공襄公 31년 참고.

매우 실제적이다. 힘이 없고 덕만 있으면 천하를 얻을 수 없다. 주나라인이 똑똑했던 것은 그들이 두 가지를 다 사용했을 뿐만 아니라 매우 지혜롭게 쓴 데 있었다. 대국에 대해서는 위력을 과시하여 함부로 맞서지 못하게 했고 소국은 부드럽게 상대하여 자청해서 속국이 되게 만들었다. 이런 식으로 하여 나중에 천하의 3분의 2를 장악한 것이다.

확실히 주나라인에게는 '힘'과 '지혜'가 있었다. 단지 나중에 정리되는 과정에서 '덕'만 남았을 뿐이다.[5]

덕은 천명을 받는 기준이 되었다.

이어지는 결론도 쉽게 풀린다. 주나라인이 덕으로 천하를 얻었다면 역시 덕으로 천하를 다스려야 했다. 그렇지 않으면 상나라처럼 멸망을 자초할 수 있었다.

이것은 주나라인이 거의 날이면 날마다 떠들어대던 이치였다. 주공도 친지들에게 아래와 같이 거듭 말하곤 했다.

"우리는 작은 나라여서 본래 '중국에 자리할' 자격이 없었고 감히 상나라의 천명을 바꿀 엄두도 내지 못했다. 그런데 지금 천지가 뒤집어진 것은 전적으로 하늘의 상제가 천자를 바꾸려 해 상나라 왕을 인정하지 않고 주나라 왕을 인정했기 때문이다. 왜 그랬을까? 주왕은 덕을 잃었고 문왕과 무왕은 덕이 있었기 때문이다! 이것은 옛날 하나라의 걸이 덕을 잃자 상나라의 탕이 혁명을 일으킨 것과 마찬가

059

---

5 장인린張蔭麟 선생은 심지어 무왕의 주왕 토벌이 성공을 거둔 것에는 따로 두 가지 원인이 있다고 생각했다. 하나는 주왕이 동이를 제압하느라 힘을 소모했기 때문이며, 다른 하나는 주나라가 기아에 시달린 나머지 약탈을 위해 상나라를 침략했다는 것이다. 이 내용은 『중국사강中國史綱』 참고.

지다!"

이 논리는 서주 말기까지 계속 이야기되었다. 기산에서 출토된 '모 공정毛公鼎'이라는 청동기의 명문을 보면 상제가 문왕과 무왕의 아름 다운 덕에 크게 만족하여 주나라와 자신을 짝짓게 했다고 적혀 있다. 주공이 "우리의 선택은 하나밖에 없으니, 그것은 문왕의 아름다운 덕 을 잇는 것이다. 그래야만 천명을 지킬 수 있다"[6]라고 말한 데에는 그 만한 이유가 있었던 것이다.

장숙평張叔平이 서명한 모공정 명문의 탁본.

이와 비슷한 말을 주공은 소공 석에게도 했고, 강숙康叔에게도 했 다. 강숙은 무왕과 주공과 어머니가 같은, 아홉 번째 동생 희봉姬封이 었다. 관채의 난이 끝난 후, 주공은 무경의 백성을 둘로 나눠 두 개의 새로운 나라를 만들었다. 그중 하나는 주왕의 배다른 형 미자계에게 주고 국호를 송이라고 했으며 다른 하나는 강숙에게 주고 국호를 위   **060**

6 『상서』「군석」 참고.
7 양콴의 『서주사』 참고.
8 『주서』「강고康誥」: "제후의 장長이면서 내 아우인 소자 봉아, 크게 밝으신 아버님 문왕께서는 덕 을 밝히고 벌을 삼가시어 감히 늙은 홀아비와 과부를 업신여기지 않았으며 써야 할 사람을 쓰고 공 경할 만한 사람을 공경했고 백성을 밝게 드러냈다. 그래서 처음으로 우리 지역의 하夏 민족과 우리 한두 나라를 만들어 우리 서쪽 땅을 닦았으니 사람들이 오로지 믿고 의지하게 되었다. 이 일이 하

衛라고 했다. 위와 송은 사실 은과 상이었다. 고대의 은과 상, 두 글자의 발음이 변조된 것이었다.[7] 강숙의 임무가 은나라인을 주나라인으로 변화시키는 것이었음을 알 수 있다.

강숙은 책임이 매우 막중했다.

그래서 주공은 「강고康誥」를 써서 강숙에게 간곡히 당부했다.

"아, 사랑하는 내 젊은 동생, 봉아! 너는 신중하고 겸허해야 하며 교만과 성급함을 경계해야 한다! 천명은 무상하고 천위天威는 두려우며 백성의 눈은 날카롭다. 그들은 매일 너를 보고 있다. 네가 부왕父王 (문왕)의 전통을 지키고 부왕의 명예를 드날리며 부왕의 유지를 계승하는지 지켜보고 있다. 그 소인들은 상대하기가 쉽지 않다. 너는 남들의 고통을 네 고통으로 삼아야 될 것이다!"[8]

주공과 소공과 강숙은 선천적인 도덕적 본보기는 아니었다. 그들의 '덕'은 사실 불가피하게 강요된 것이었다. 그들은 떠밀리듯 성인의 제단 위에 올라가야 했다.

사실상 도덕은 품성이라고 하기보다는 일종의 지혜라고 보는 편이 맞다. 솔직히 그것은 '남을 해쳐 나를 이롭게 하는 것'과 '남을 이롭게 해 나를 이롭게 하는 것' 사이에서 지혜로운 선택을 하는, '명석한 이기주의'일 뿐이다.

그러나 이 명석함은 자신뿐 아니라 다른 사람과 사회에 모두 이로워서 인류의 보편적인 기준이 되었다. 주나라인의 독창성은, 새 정권

늘에 알려지게 되니 하늘도 이를 아름답게 여겨 문왕께 큰 명을 내려서 상나라를 죽이고 치게 했다. 문왕이 그 명을 크게 받으니 나라의 백성이 이에 느긋해졌다. 그리하여 못난 형인 내가 추천하여 봉이 네가 이 동쪽 땅에 있게 된 것이다孟侯, 朕其弟, 小子封. 惟乃丕顯考文王, 克明德慎罰; 不敢侮鰥, 庸庸, 祗祗, 威威, 顯民, 用肇造我區夏, 越我一二邦以修我西土. 惟時怙冒, 聞于上帝, 帝休, 天乃大命文王. 殪戎殷, 誕受厥命越厥邦民, 惟時敘, 乃寡兄勗. 肆汝小子封在茲東土."

이 탄생했을 때 그것을 치국治國의 이념과 정치의 강령으로 삼은 데 있다.

또 하나의 새로운 사상 혹은 개념이 싹을 틔웠다.

그것은 '덕치'였다.

논리적으로 보면 이것은 잘 맞아떨어진다. "하늘이 군주에게 권한을 주었으니君權天授" 당연히 "덕으로 하늘에 호응하고以德配天", 또한 "사람을 근본으로 삼았으니以人爲本" 당연히 "하늘을 공경하고 백성을 보호해야敬天保民" 한다. 그런데 이것은 세계에서 거의 유일무이한 사례다. 세계의 각 문명대국을 보면 종교로 나라를 다스린 곳도 있고, 법률로 나라를 다스린 곳도 있고, 종교와 법률을 겸용해 나라를 다스린 곳도 있고, 개인의 카리스마로 나라를 다스린 곳도 있다. 그러나 덕으로 나라를 다스린 경우는 들어본 적이 없다.

덕으로 정말 나라를 다스릴 수 있을까? 그럴 수 있다면 어떻게 다스리는 것일까?

눈에 보이는
힘

덕치는 아마도 주나라인의 아이디어였을 것이다.

'덕德'이라는 이 글자는 상나라 때 생겼다. 그 갑골문의 글자 모양은 길 혹은 길목의 눈目이다. 뜻은 두 가지가 있는데, 하나는 "시선이 곧바르다"는 것이다. 그래서 '덕'은 곧을 '직直' 자와 통한다. 또 하나는 "뭔가를 알아보았다"는 것이어서 '덕'은 얻을 '득得' 자와도 통한다. 복사卜辭(점복과 관련된 내용을 거북이 등갑이나 동물 뼈에 새긴 기록의 통칭)에서는 '실失'을 표시할 때 빌려 쓰이기도 했다.9 얻는 것得이 있으면 잃는 것失이 있고, 다스려지는 것治이 있으면 어지러운 것亂이 있다. 옛 문자에서 득실得失과 치란治亂은 모두 같은 글자일 수 있었다.

오묘하다! 문화의 코드는 바로 여기에 있다.

확실히 덕은 우선적으로 '득실'이었다. 주공 등이 고려해야 했던 것도 우선은 '득실', 즉 천명을 얻고 잃는 것이었다. 그리고 천명은 얻기

9 『고문자고림古文字詁林』 2권, 470쪽.

갑골문의 덕. 뤄전위羅振玉는 복사에서 '덕'이 '실失'로 빌려 쓰이곤 했으며 본래 뜻은 '득得'이었다고 지적했다.

힘든 것이면서 눈 깜짝할 사이에 지나갈 수도 있는 무상한 것이기에 그들은 반드시 덕을 가져야 했다.

그러려면 우선 '마음'을 가져야 했다.

그래서 서주 청동기의 '덕'은 눈 밑에 마음 '심心' 자가 더해져 뜻이 '마음속에서 본 것'이나 마음속의 득실과 곡직曲直(시비나 선악), 즉 '심득心得'이 되었다. 이것은 이미 오늘날의 이른바 '도덕道德'과 상당히 가깝다. 비록 당시 주나라인에게는 도는 도이고 덕은 덕이어서 양자가 서로 별개의 것이긴 했지만. 그러나 덕 자는 인명처럼 다른 용도로 쓰일 때는 역시 갑골문의 모양대로 길과 눈만 있고 마음은 없었다.

하존에 새겨진 '덕'. 현재까지 발견된 가장 오래된 '도덕'의 '덕'에 해당되는 글자. 가장 오래된 '중국'이라는 두 글자도 하존에 새겨져 있다.

덕정德鼎에 새겨진 '덕'. 이 글자는 인명이어서 갑골문의 모양처럼 '심心'이 없다.

'심'의 유무는 매우 중요하다.

현재까지 발견된 '심이 있는 덕' 중에서 가장 오래된 것은 하존에 새겨져 있으며 그것이 속한 원문은 '공덕유천恭德裕天'이다. 하존은 주나라 성왕 때의 예기禮器로서 주공이 성주(뤄양)를 세운 역사적 사실이 기록되어 있다. 그중에는 또 "이 중국에서 거하라"라는 뜻의 '택자중국宅玆中國'이라는 네 글자가 있는데 '중국'이라는 단어의 가장 오래된 기록이다. 이 문화재는 주나라라인이 무경과 삼감의 반란을 진압하고 "중국에 자리하여 천하를 다스릴" 자격을 얻었을 때 덕치의 관념이 싹텄음을 강력하게 증명해준다.

하존과 그 명문의 탁본. 탁본의 오른쪽부터 7번째 열의 첫 네 글자가
'택자중국宅玆中國'이다.

덕치는 분명히 주나라인의 정치사상이었다. 아직까지 중국 민족에게 영향을 끼치고 있는 이 관념은 주나라 문화와 제도의 핵심이면서 일대 발명이었다.

그러나 귀찮은 문제가 계속 뒤따른다.

'득실의 득'이나 '곡직曲直의 직'에 마음 '심'이 덧붙여져 '도덕의 덕'이 되었다고 했다. 그런데 도덕이 '마음속'에 있다면 어떻게 나라를 다스려야 하는가?

유일한 방법은 무형의 덕을 유형의 물체로 바꾸어 눈에 보이고 실행 가능하게 만드는 것이다.

주나라인은 이 문제를 해결했다.

눈에 보이는 것은 '성인聖人'이었다. 성聖은 갑골문과 금문에 다 있으며 글자 모양에서 가장 두드러진 부분은 귀 '이耳'다. 그래서 성聖, 성聲, 청聽은 상고시대에 동일한 글자로서 다 '이'를 따랐다. 또한 성聖의 본래 뜻은 "소리를 잘 듣다"였는데 나중에 "한 번 듣고 알다"로, 그다음에는 "모르는 것이 없다"로 변했다가 마지막에는 "덕과 명망이 높다"가 되었다. 그것은 춘추전국시대의 일이었다. 자공子貢은 하늘이 공자를 성인이 되게 했다고 말했고 맹자는 성인을 '인륜의 지극함人倫之至'이라고 칭했다. 이때부터 성인으로 모셔진 이들이 요, 순, 우왕, 탕왕, 문왕, 무왕, 주공, 공자였으며 이들은 하나같이 도덕의 본보기였다.

갑골문의 '성聖'   금문의 '성'

이것이 바로 중국 고유의 '성인숭배'다.

성인숭배는 일종의 풍조가 되었는데, 후대의 유가가 고취하기는 했지만 그 개념은 서주 초에 생겼다. 그렇다. 왕조의 교체에는 근거가 있어야 했고 덕치에는 본보기가 있어야 했다. 본보기의 힘은 한계가 없다고 한다. 문왕과 무왕은 문무를 겸비한 성스럽고 신적인 존재가 되었으며 하나라를 멸한 상나라 탕왕도 마찬가지였다.

본보기는 '눈에 보이는 힘'이다.

그런데 우왕, 탕왕, 문왕, 무왕은 통치자의 본보기였을 뿐이고 훗날의 공자는 지식인의 본보기였을 뿐이다. 조만간 만들어질지는 몰라도 아직 대중을 교화하는 '평민 성인'은 나타나지 않고 있었다. 그전까지는 덕치를 실시하면서 주로 '실행 가능한 수단'에 의지해야 했다.

그러면 그 수단은 또 무엇이었을까?

예악禮樂이었다.

새 운영체제를
설치하다

예악이 주나라의 발명품은 아니었다. 상나라에도 있었고 하나라에도 있었다. 그리고 상나라인의 예는 사치스러웠으며 상나라인의 악은 화려한 데다 특별히 음악의 아름다움을 중요시했다. 탕왕의 찬송시 「나那」에서는 이렇게 노래한다.

아름답고 성대하도다
우리 북들을 놓고 치니
북소리 둥둥 울려
우리 조상님들 즐겁게 하네
맑디맑은 피리 소리에
가지런한 발걸음
낭랑한 경쇠 소리에

---

10 『시경』「상송商頌·나那」: "굉장하기도 해라. 작은 북과 큰북 놓고, 둥둥 북을 치니, 조상님들 즐거워하네. 탕 임금의 후손 양공이 신의 강림을 비니, 많은 복 내려 우리를 편케 하네. 북소리 빨라지고, 피리 소리 맑게 흐르네. 조화롭고 고르게 경쇠 소리 따르니, 아아 빛나는 탕왕의 자손이여, 그 윽한 소리 아름답네. 큰 종과 큰북 소리 한데 어울리며, 만무 춤이 무르익는데, 우리 손님들도 크게 기뻐하네. 옛날부터 조상들이 만든 규범이 있으니, 아침저녁으로 공경하고, 일을 함에 신중했네. 이 제사는 탕왕의 후손이 올리는 것이라네猗與那與, 置我鞉鼓. 奏鼓簡簡, 衎我烈祖. 湯孫奏假, 綏我

나는 듯한 춤사위[10]

이런데도 왜 주공이 예악을 제정했다고 하는 것일까?

왜냐하면 하나라, 상나라에도 있던 예악을 주공이 근본적으로 바꿔놓았기 때문이다. 먼저 데이터를 백업하고 하드디스크를 포맷한 다음, 자신의 필요에 맞춰 새 운영체제를 설치함으로써 완전히 새로운 것으로 만들었다.

그러면 주나라의 예악은 상나라와 어떻게 달랐을까?

상나라는 의식이고 주나라는 제도였다.

예는 무엇이며 악은 무엇일까? 갑골문과 금문의 글자 모양에 따르면 예는 예기禮器이고 악은 악기였다. 따라서 예악은 제례와 악무樂舞였다. 이것은 훌륭하고 없어서는 안 되는 것이었다. 그런데 주공이 보기에 예와 악은 단지 제례와 악무이기만 해서는 안 되며 정권을 공고히 하고, 사회를 안정시키고, 질서를 유지하고, 민심을 안정시키는 도구여야 했다.

구체적으로 말하면, 예의 기능은 질서의 유지였고 악의 기능은 민심의 안정이었다. 민심이 안정되면 질서가 유지되고, 질서가 유지되면 사회가 안정되며, 사회가 안정되면 정권이 공고해진다. 이것은 톱니바퀴처럼 맞물려 돌아가는 체계적인 과정이다.

069　예와 악은 어떻게 이런 기능을 발휘할 수 있었을까?

思成. 鞉鼓淵淵, 嘒嘒管聲. 既和且平, 依我磬聲. 於赫湯孫, 穆穆厥聲. 庸鼓有斁, 萬舞有奕. 我有嘉客, 亦不夷懌. 自古在昔, 先民有作. 温恭朝夕, 執事有恪. 顧予烝嘗, 湯孫之將."

갑골문의 '예禮'   금문의 '예'(하준)

왕궈웨이王國維와 궈모뤄郭沫若는 모두 두 개의 옥이 그릇에 담겨 있는
형상이라고 보았다. 그래서 '예'는 최초에는 예기를 가리켰다.

 갑골문의 '악樂'   금문의 '악'(여종邸鍾)

허신許愼은 북을 본뜬 것으로 보았고
뤄전위는 거문고 모양으로 보았으니 결국에는 악기다.

예는 의식으로 표현되고 의식은 서열로 표현되었기 때문이다. 예를
들어 제사의식에서 예배의 대상인 천신과 지신 그리고 역대 조상들
은 누가 가운데 자리에 처하고 누가 구석 자리에 놓일지 서열이 있어
야 했다. 제사에 참가하는 사람도 누가 주도하고 누가 보조하는지 역
시 서열이 있어야 했다. 이래야만 예의를 확실히 갖출 수 있었다.

분명히 예의 본질은 서열, 즉 질서다.

사람과 신의 관계의 질서를 처리하면 당연히 그것을 이용해 사람
들 사이의 관계를 처리할 수 있다. 이것이 바로 주공의 '예'다. 이것의
의의는 더 이상 신과 조상을 공경하고 제사를 지내는 데 그치지 않고 **070**

아이덴티티의 확인으로까지 확장되었다. 좀 더 구체적으로 말하면, 우선 사람들은 각자 군신, 부자, 부부, 형제와 같은 신분과 지위가 있다. 또한 군주는 너그럽고 신하는 충성스러우며 부모는 자애롭고 자식은 효성스러워야 한다는 식의 권리와 의무도 진다. 이 점을 명확히 하고 각자의 본분을 지키기만 하면 분쟁이나 혼란이 일어날 리 없다.

그래서 그것이 제도로 확정된 것이 곧 '예제禮制'다.

정치에 응용된 것은 곧 '예치禮治'다.

보편적인 교육으로 시행된 것은 곧 '예교禮敎'다.

하지만 여기에는 문제가 있다.

사실상 이 제도에 따르면 천자가 '지존至尊'인 것을 빼고는 다른 모든 사람은 의문의 여지 없이 비천하며 기껏해야 상대적으로 존엄할 뿐이다. 이 점은 사람들에게 심리적인 안정감을 주지 못한다. 모두가 태어나면서부터 평등한데 무엇을 근거로 누구는 존엄하고 누구는 비천한가?

이에 관해 주공 등은 일련의 변명을 마련해놓았지만 안타깝게도 그 변명들로는 사람들을 꼭 진심으로 따르게 하지도, 기쁘게 하지도 못했다. 그래서 반드시 '악'을 사용해 조화를 꾀해야 했다. 악은 음악이면서 즐거움이기도 하다. 음악은 귀에 좋은 느낌을 주는 소리인 '악음樂音'의 운동 형식으로서 악음의 특징은 바로 '차이'다. 다양한 악음들은 음의 높이, 길이, 강약, 색깔이 다 다르다. 그런데 함께 조합하면 듣기가 좋다. 듣기 좋다는 것은 화음이 잘되었다는 것이고 화음이 잘 되었다는 것은 다양성의 통일 때문이다. 예와 악의 공통된 특징은 다양성을 중시하면서 통일도 중시하는 것이다. 예는 다른 것들을 나누고 악은 같은 것들을 종합한다. 예도 있고 악도 있으며 예가 흥하고 악이 조화를 이루면 '조화로운 사회'를 이룰 수 있다.

그래서 주공이 "예의를 제정하고 음악을 지은制禮作樂" 것이다.

이 체계에 따라 수립된 것이 이른바 중국의 '예악문명'이다.

이렇게 복잡한 체계를 몇 마디로 다 설명하기는 힘들다. 하지만 그 골격은 매우 분명하다. "하늘이 군주에게 권한을 주기君權天授" 때문에 "사람을 근본으로 삼아야以人爲本" 하고, 사람을 근본으로 삼기 때문에 "덕으로 나라를 다스려야以德治國"하며, 덕으로 나라를 다스리기 때문에 예로 질서를 유지하고 악으로 조화를 보장해야 한다.

이러한 사상체계에서 출발하여 주나라인은 4대 제도, 즉 정전井田, 봉건, 종법, 예악을 창립했다. 정전은 경제제도, 봉건은 정치제도, 종법은 사회제도, 예악은 문화제도였다. 정전은 민생을 살폈고, 봉건은 민의를 따랐고, 종법은 민속을 도탑게 했고, 예악은 민심을 안정시켰다. 여기에 이르러 주나라 문화와 제도의 운영체제가 전부 설치되었다.

이제 위에 언급한 것들을 하나하나 이야기해보기로 하자.

서주의 봉건제

세 세력의
반란

주공이 동쪽의 전장에서 돌아왔다.

그는 무척 피곤했다. 승리를 거뒀는데도 얼굴에 수심이 가득했다. 그를 맞이한 것도 화사한 꽃이 아니라 도전이었다.

확실히 매우 심각한 형국이었다.

주공은 똑똑히 기억하고 있었다. 3년 전 반란을 일으킨 무경과 삼감과 동이가 얼마나 방자했고 반대 세력은 또 얼마나 강력했는지. 주나라 내부의 그 반대 세력은 점복에 나타난 신의 계시를 무시하고 공개적으로 목소리를 높여 반란의 진압과 동쪽 정벌을 저지하려 했다. 그의 친형제인 관숙과 채숙은 주공이 성왕에게 불리한 짓을 할 것이라는 유언비어를 도읍 안에 퍼뜨렸다. 실로 내우외환이 아닐 수 없었다.

다행히 나중에 소공이 그의 편에 서주었고 성왕도 의심을 거두고 **074**

서 친히 전선으로 와 군사들을 위로했다. 그렇지 않았으면 주왕은 본의 아니게 샌드위치 신세가 되었을 것이다.

전쟁은 대단히 치열하게 전개되었다. 심지어 현지의 대규모 코끼리 떼까지 동원했다. 산과 물을 만났을 때 원정군의 이동로를 확보하고 척박한 적의 땅 깊숙이 침투하기 위해서였다. 그 노고가 어느 정도였는지는 회군 길에서 장병들이 부른 노래를 보면 어렴풋이 알 수 있다.

내 도끼는 망가졌고
내 톱도 이가 다 빠졌네
주공이 군대를 이끌고 동쪽에 와서
반란을 소탕하고 평정했네[1]

주공은 천하에 평화를 가져올 수 있었을까?

그럴 수 있었다. 하지만 먼저 성찰해야 했다. 주공은 틀림없이 이런 생각을 했을 것이다.

'적의 세력이 왜 이렇게 강할까? 새로운 세상은 왜 이렇게 혼란할까? 새 정권은 또 왜 이렇게 불안정할까?'

근본적인 원인은 민심이 따라오지 않았기 때문이다.

그럴 만도 했다. 소국 주나라가 대국 상나라를 대체하는 것은 본래 한 차례 전쟁으로 끝날 일이 아니었다. 더구나 600년을 이어온 상나

075

---

1 『시경』「빈풍豳風·파부破斧」: "내 도끼는 부서졌고, 자루까지 부러졌네. 주공의 동쪽 원정은, 온 나라를 바로잡았네. 우리 백성을 아끼시는 마음, 무척이나 위대하네. 내 도끼는 부서졌고, 내 끌도 부러졌네. 주공의 동쪽 원정은, 온 나라를 교화했네. 우리 백성을 아끼시는 마음, 너무도 훌륭하네. 내 도끼는 부서졌고 내 연장 자루도 부서졌네. 주공의 동쪽 원정은, 온 나라를 평화롭게 했네. 우리 백성을 아끼시는 마음, 너무나도 아름답네旣破我斧, 又缺我斨. 周公東征, 四國是皇. 哀我人斯, 亦孔之將. 旣破我斧, 又缺我錡. 周公東征, 四國是吪. 哀我人斯, 亦孔之嘉. 旣破我斧, 又缺我銶, 周公東征, 四國是遒. 哀我人斯, 亦孔之休."

라는 결코 종이호랑이가 아니었으므로 그 잔여 세력이 호시탐탐 재기를 도모하는 것은 필연적이었다.

이상한 것은 동이였다.

이른바 '동이東夷'는 지금의 랴오닝遼寧, 허베이河北, 산둥山東, 장쑤江蘇 북부 연해 지역에 살던 씨족, 부락, 부락국가다. 그들은 강족처럼 본래 상나라에게 핍박을 받아왔고 여러 차례 항거를 시도했다. 무왕의 주왕 토벌 전에도 그들은 상나라인과 혈전을 벌였으며 그 덕분에 주나라는 어부지리를 얻었다. 이렇게 보면 그들은 강족처럼 주나라와 한 배를 타야 마땅했다. 아니면 적어도 무왕의 주왕 토벌전 때처럼 수수방관하고 있으면 그만이었을 텐데 왜 반란에 끼어들었을까?

관숙, 채숙, 곽숙의 배신은 더 불가사의하다. 그들은 주공의 친형제요 한집안 사람이었기 때문이다.

원인은 여러 가지였다.

예를 들어 동이의 항거는 이유가 좀 복잡했다. '조이鳥夷'라고도 불린 동이는 상나라와 마찬가지로 동쪽의 민족이고 새가 토템이어서 문화적으로 서로 통했다. 그래서 동이는 상나라와 이해의 충돌이 있었을 뿐이지 문화적 충돌은 없었다. 그러나 주나라와는 이해의 충돌뿐만 아니라 문화적 충돌도 있었을 것이다.

또한 그들은 주나라에 불복했다. 왜 자신들이 아닌 주나라가 상나라를 멸했는지 이해하지 못했고, 그래서 나중에 진나라가 여섯 나라를 멸했을 때의 초나라인들처럼 불복의 마음을 품었다. 더구나 주나라의 혁명에서 그들은 전혀 이득을 얻지 못했다. 이런 상황에서 상나라의 잔존 세력이 반기를 들고 주나라인도 내분을 겪고 있었으니 어부지리를 얻을 절호의 기회가 아닌가?

이익은 관건 중의 관건이다.

사실 주공에게 반기를 든 세 세력은 모두 당장 눈에 보이는 이익 때문에 움직이지는 않았다. 상나라인은 잃어버린 천하를 되찾으려 했고 동이는 이 좋은 기회에 횡재를 얻고자 했으며 관숙은 주공이 권력을 독점한 것이 불만이었다. 형이 죽으면 동생이 그 뒤를 잇는 상나라의 전통에 따르면 섭정을 하고 왕이 될 인물은 마땅히 관숙이어야 했다. 무왕 희발姬發은 둘째이고 주공 희단姬旦은 넷째인데 관숙 희선姬鮮은 셋째였기 때문이다. 이러한데 주공이 무슨 근거로 섭정을 맡는단 말인가?

따지고 보면 무경과 삼숙三叔과 동이는 빙산의 일각일 뿐이었다. 티내지 않고 속으로 불평을 늘어놓는 자가 적지 않았을 것이다. 뱀처럼 똬리를 튼 채 구경만 하다가 시기를 봐서 뛰쳐나올 준비를 하고 있는 자들도 적지 않았을 것이다. 이런 자들을 상대할 때 도덕 운운하는 것은 전혀 효과가 없다. 그렇다고 무조건 무력 진압만 해서도 안 된다. 바로 이럴 때 어떤 정치적 지혜가 필요하다.

077 주공에게는 정치적 지혜가 있었을까?

있었다. 그는 한 가지 방법으로 모든 문제를 해결하고 새로운 제도까지 창조했다.

그 방법은 바로 분봉分封이었다.

일석삼조

분봉은 일반적으로 군주가 땅을 나눠주며 제후로 봉하는 일을 뜻한다.

분봉은 '나누는 것分'과 '봉하는 것封'을 포괄한다. 나눌 것은 상나라의 영토였고 봉할 대상은 가문의 형제들이었다. 물론 이것은 제일 처음에는 상나라의 잔여 세력을 상대하는 것이 목적이었다. 그 세력은 아직 사람도 많고 기도 죽지 않아 대량 학살을 하기가 곤란했다. 학살은 가장 멍청한 짓일뿐더러 사람을 근본으로 삼는다는 원칙에도 위배되고 더 많은 저항을 부추길 수도 있었다. 가능한 방법은 분열과 와해를 유도해 그들이 뭉침으로써 기회를 잡지 못하게 하는 것이었다. 한번 생각해보라. 비행기가 분해되어 엔진, 조종실, 랜딩 기어, 좌우 날개와 꼬리 날개가 다 따로 떨어져 있다면 어떻게 날 수 있겠는가?

주공은 바로 그렇게 행동했다.

상나라의 '엔진'은 뤄양, 즉 '성주'에 놓여 있었다. 상나라의 도읍 조가朝歌(지금의 허난 성 치 현淇縣)에서 그곳으로 이주한 사람들은 주로 상나라 왕족과, 왕실을 위해 일하던 신하들이었다. 그곳은 주나라의 동쪽 도읍이었기 때문에 그들은 주나라의 눈 밑에 있는 것이나 다름없었다. 또한 상나라 왕의 직계 부대는 이른바 '은팔사殷八師'로 개편되어 성주의 방어부대가 되었으니 마치 주나라인의 '집 지키는 개'와 같았다.

상나라의 '조종실'은 옛 도읍 상추에 놓였다. 그곳에 주나라인은 앞에서 언급한 송나라를 새로 세우고 역시 조가에서 사람들을 이주시켰다. 그런데 상나라 귀족들을 뤄양과 상추로 다 이주시킨 뒤에도 주공은 조가를 빈 성으로 버려두지 않았다. 자신의 젊은 동생, 강숙 희봉에게 주고 위衛나라를 세웠다. 강숙은 조가를 얻었을 뿐만 아니라 상나라의 7개 부족을 할당받았다. 그 부족들은 기본적으로 도자기, 깃발, 울타리, 무쇠 솥 등을 만드는 기술자들로 이뤄져서 강숙은 상나라의 '랜딩 기어'를 손에 쥔 것이나 마찬가지였다.

그것은 실로 전국을 대상으로 한, 바둑판처럼 유기적인 배치였다.

상나라의 부족들을 할당받은 인물로는 또 주공의 아들 백금伯禽, 성왕의 동생 숙우叔虞, 소공의 아들 희극姬克이 있었다. 백금은 여섯 부족을, 숙우는 아홉 부족을 할당받았다. 이 일은 문헌에 기록이 있다. 희극도 여섯 부족을 할당받았지만 전부 상나라 유민은 아니었다. 이 일은 유물을 통해 증명되었다. 그들도 할당받은 부족들을 데리고 멀리 타향에 가서 새 국가를 건설했다. 백금의 나라는 오늘날의 산둥 성에 있는 노魯나라, 숙우의 나라는 오늘날의 산시山西 성에 있는 당唐 나라(나중에는 진晉이라 불렸다), 희극의 나라는 오늘날의 베이징에 위치 한 연燕나라였다.

주공의 이런 조치는 대단히 훌륭했다.

사실 상나라의 부족들은 본래 혈연, 지연, 직업, 국가라는 네 가지 관계로 조직되었다. 혈연 조직은 '족族', 지연 조직은 '읍邑', 직업 조직은 '씨氏', 국가 조직은 '성姓'이었다. 같은 족이 대대손손 같은 직업만 가질 수도 있었고, 같은 직업을 가진 사람들이 또 같은 지역에 몰려 살 수도 있었다. 같은 '씨'(직업)가 같은 '읍'(지역)에서 살다가 '족'이 되기도 했다. 그리고 족끼리 모인 것이 '국國'이었다. 이제 주공이 통째로 그 씨 (직업)들을 다른 읍(지역)으로 이주시켰는데 상商이라는 그 '국'이 계속 존재할 수 있었을까?

산산이 흩어질 수밖에 없었다. 그리고 강숙, 백금, 숙우, 희극을 따 라간 상나라 부족들은 주나라인의 사회에 녹아들 수밖에 없었다. 아 마도 그들은 나중에 '위나라인' 또는 '노나라인'으로 불렸겠지만 춘추 시대 전까지는 모두 '주나라인'이었다.

이것만 해도 상당히 고단수의 수법이지만 여기에서 한발 더 나아간다.

사실 송나라와 위나라를 세운 것과, 노나라, 진나라, 연나라를 세운 것은 그 의도가 달랐다. 송나라와 위나라를 세운 것은 '완민', 즉 불복하는 상나라 유민들을 처리하기 위해서였다. 단지 송나라는 회유와 위로가 목적이었고 위나라는 감시와 개조가 목적이었다. 한편 백금, 숙우, 희극의 세 나라는 모두 요충지에 속했다. 예를 들어 진나라와 연나라는 융적戎狄에 가까워서 주나라 변방의 최전선에 해당되었다. 그래서 이 경우는 후대 사람들의 말대로 주공이 제후들에게 분봉함으로써 주나라 천자를 위해 일종의 '울타리'를 쳐준 것이었다.

주공의 아들 백금이 봉해진 노나라의 위치는 동이의 오랜 보금자리였다. 그래서 강태공 여망呂望에게도 그곳에 따로 제나라를 세우게 했다. 이 조치는 대단히 절묘해서 그야말로 제2차 세계대전 이후 미국(주족)과 영국(강족)이 러시아(동이)에 식민지를 세운 격이었다. 비록 그들이 다 반反파시즘(반反상나라) 진영이기는 했지만.

강태공과 소공이 공로를 인정받아 분봉을 받은 것은 틀림없이 무왕 시대였다. 그런데 무왕은 새 제후에게 분봉했고 영지의 위치가 가까웠던 반면, 주공은 기존 제후의 영지를 다른 곳으로 바꿨고 그 위치가 멀었다. 사실상 제후齊侯, 노후魯侯, 연후燕侯는 다 영국 국왕이 파견한 총독에 상응했다. 단지 제나라, 노나라, 연나라는 '해외 식민지'가 아니라 '해내海內 식민지'일 뿐이었다. 이런 역사적 사실 속에 담긴 주공의 주도면밀한 계산과 원대한 생각은 우리에게 무한한 사색의 여지를 준다.

결국 주공은 성공했다. 완민의 세력을 와해시켰고 전략적 요충지를 통제했으며 공신과 동맹자들의 노고에 답했다. 그야말로 일거삼득, 일석삼조였다.

그것은 진정한 정치적 지혜였다.

통일전선을
넘어

의심할 여지 없이 그 지혜는 주공 한 사람의 것이 아니었다. 서주가
건립한 제후국은 송, 제, 노, 위, 진, 연뿐만이 아니었다. 심지어 성이
희姬나 강姜이 아닌 것도 많았다. 예컨대 초나라는 성이 미芈였고 기杞
나라는 성이 사姒였다. 하늘이 무너질까 쓸데없는 걱정을 했다는, 고
사성어 '기우杞憂'의 주인공이 바로 기나라 사람이었다.

초나라와 기나라 같은 부류는 당시 소국에 속했다. 부락국가이거
나 일부는 부락이나 부락연맹에 지나지 않았다. 그들은 상나라 시대
에는 '방국方國'이라 불렸다. 예를 들어 주周, 소召, 강姜은 주방, 소방,
강방이라 불렸다. 그 밖에 성이 괴媿인 귀방鬼方, 성이 풍風인 인방人方
도 있었다. 상나라가 그들을 때로는 무력으로 진압하고, 때로는 완전
히 무시한 것은 큰 실책이었다.

사실 그런 방국은 숫자만 많고 규모도 병력도 보잘것없었지만 허

세 하나는 대단해서 툭하면 자신들이 신농神農, 황제, 요, 순, 우의 후예라고 큰 소리 쳤다. 그래서 되는 일은 전혀 없고 성가신 사건만 일으키곤 했다. 현명한 방법은 그들 중 손잡을 만한 곳과 손을 잡아 최대한 광범위하게 통일전선을 구축하는 것이었다. 최소한, 그들을 친구로 삼지는 못해도 적으로 돌려서는 안 되었다. 그들이 문명 단계에 들어선 지 얼마 되지 않은 탓에 아직도 야만적 습성과 부락의 유풍을 버리지 못하고 종종 난폭한 짓을 벌이곤 했다는 사실을 염두에 둬야 한다.

더구나 그들 중 일부는 소규모 병력이기는 해도 주왕 토벌 전쟁에 동참했다. 이제 승리를 거뒀으니 동맹국이자 참전국으로서 전리품을 나눠 가질 자격도 있었다.

그래서 주나라 천자를 인정하기만 하면 씨족이든, 부락이든, 부락국가든 제하諸夏, 제강諸羌, 백복百濮, 군만群蠻을 막론하고 축제 분위기 속에서 우쭐대며 군주가 되었다.

이것은 그야말로 양쪽에게 다 '윈윈'하는 방안이면서 밑천 안 드는 비즈니스였다. 예를 들어 방국은 아무것도 잃은 것이 없었다. 땅, 백성, 군대, 재산 중 어느 것도 주나라 천자는 그들에게 요구하지 않았고 오히려 더 보태주기까지 했다. 그들이 주왕 토벌 전쟁에서 부당하게 챙긴 이득을 일률적으로 눈감아준 것이다. 심지어 주나라 천자는 그들의 내정에도 전혀 간섭하지 않았으니 그리 밑지는 장사가 아니었을까?

더 중요한 것은 그 방국들이 대부분 야만족이었다는 데 있다. 문화적으로 낙후되었다는 이유로 오랫동안 상나라에게 차별을 당해왔고 자신들도 이를 부끄러워했다. 그런데 이제 분봉을 받고 제후가 되어서 중원의 나라들과 평등하게 교류할 수 있게 되었으니 주나라의 배려를 안 받아들일 이유가 없었다.

하지만 더 큰 이익을 남긴 쪽은 주나라였다.

우선 그 방국들의 땅, 백성, 재산은 본래 그들의 것이어서 주나라인은 전혀 밑천이 들지 않았다. 주나라 천자가 내놓은 것은 명의와 직함뿐이었다. 하지만 그 공수표와, 새 정권에 대한 인정과 지지를 맞바꾸고 위험해질 수도 있는 세력을 포섭함으로써 자신의 통일전선을 구축하면서도 리더십을 지켜냈다.[2] 사실 방국들이 주나라로부터 분봉을 받은 것을 인정하기만 하면 적어도 형식적으로는 주나라의 리더십에 동의한 셈이었다. 더구나 분봉을 가장 많이 받은 것은 역시 주나라의 친족인 희姬 성이었다.

어쨌든 방국의 가세는 대단히 중요했다. 그들을 얻음으로써 주나라 정권은 천명과 민심의 '이중의 정통성'을 확보했다. 이것의 의미는 통일전선 그 이상이었다.

이제 서주 초기, 주나라인이 시행한 일련의 조치들을 정리해보면 영토의 재편성, 대규모 이주, 식민지의 확대, 광범위한 분봉으로 요약

086

---

2 예컨대 강태공의 제나라에서는 오랫동안 희 성을 지닌 두 '상경上卿'을 두었다. 한 사람은 '국자國子', 다른 한 사람은 '고자高子'라고 불렸으며 이 둘을 합쳐 '이수二守'라고 했다.

된다. 결국 진압할 곳은 진압하고, 회유할 곳은 회유하고, 상을 줄 곳
은 상을 주고, 재편성할 곳은 재편성한 셈이었다. 이제 서주의 통치자
는 비로소 안심하고 잠을 이룰 수도 있지 않았을까?

그럴 수 없었다. 새로운 질서의 안정이 여전히 문제였기 때문이다.

그것은 책략으로는 해결할 수 없었다. 오직 제도가 유일한 해결책
이었다. 제도의 수립만이 근본적으로 장기적인 통치와 안정을 보장해
줄 수 있었다.

사실 주공 등이 처음 천하의 형세를 염두에 두고 포석을 놓을 때
새로운 정치제도와 국가제도도 시운에 따라 생겨났다. 그 제도는 자
체적으로 '안정 유지 기능'이 있어서 500년의 평화를 보장했다. 그러
나 태생적인 결함과 내적 모순도 있어서 춘추시대에 파괴되고 전국시
대에 전복된 후, 진·한 시대에 대체되어 잊기 힘든 기억과 영원한 비
애만 남겼다.

그것의 이름은 '방국邦國제도'다.

방국제도

방국제도의 핵심은 '봉건封建'이었다.

　여기에서 말하는 '봉건'은 '봉건사회'나 '봉건주의'가 아니다. '봉건예교'나 '봉건미신'과는 거리가 더 멀다. 사실 미신은 봉건과는 아무 상관도 없으며 예교 앞에 봉건이라는 두 글자를 붙이는 것도 썩 맞지 않는 조합이다. 진정한 '봉건'은 통속적으로 말하면 '분봉'이지만 '봉건'이 더 정확한 말이다. 왜냐하면 '봉해야封' 할 뿐만 아니라 '세워야建' 했기 때문이다. 봉은 '봉방封邦', 즉 영지領地를 내려주는 것이었고 건은 '건국建國', 즉 나라를 세우는 것이었다. 그래서 봉과 건은 모두 동사이며 이른바 봉방건국은 '동사+목적어'로 이뤄진 두 단어의 조합이다. 이것이 본래적인 의미의 '봉건'이다.

　먼저 '봉'에 관해 이야기해보자.

　봉은 '제후에게 내려진 땅爵諸侯之土'이다. 이것은 『설문해자說文解字』의 **088**

작자 허신의 해석이면서 학계의 공통된 인식이기도 하다. 천자가 제
후에게 분봉할 때는 일정한 영지를, 바꿔 말하면 세력 범위를 줘야만
했다. 그리고 이 영지 혹은 세력 범위는 경계를 설정해 '봉해져야' 했
다. 구체적인 방법으로서 경계선에 도랑을 팠고 그것을 '구봉溝封'이라
했으며 파낸 흙을 양쪽에 쌓아 만든 둔덕은 '봉토封土'라고 불렀다. 봉
토 위에 나무를 심는 것은 또 '봉수封樹'라고 했다. 봉수의 목적은 주
로 솟아오른 봉토가 다져져 무너지지 않게 하기 위함이었으며 더 눈
에 띄게 하려는 의도도 있었다. 그리고 도랑은 여러 용도로 쓰였다.
경계이면서도 관개 수로여서 평상시에는 물을 담아 나무를 길렀고 우
기에는 배수로 기능을 했다.

　확실히 봉의 의미는 '강疆경계'였기 때문에 따로 '봉강封疆'이라고도
했다. 분봉으로 생긴 정치적 실체의 이름은 '방邦'이었다. 고대 문자에
서 방과 봉은 같은 글자일 수 있었다. 그러나 봉은 동사였고 방은 명
사로서 오늘날의 '국가'에 해당되었지만 '국가'라고 부를 수는 없었다.
진秦나라 이전 시대에는 국은 국이고 가는 가여서 섞어 쓸 수 없었기

갑골문의 '방邦'

때문이다. 그리고 춘추시대 이전에 송, 제, 노, 위, 진, 연, 초를 비롯한 '방'은 엄격히 말해 '반半 독립주권'밖에 없었다. '독립주권 국가'가 된 것은 전국시대에 이르러서였다.

'국가'라고 안 불렀으면 뭐라고 불렀을까?

방국이라고 불렀다.[3]

주나라 때 도시 이름으로 불린 나라들

국명	성과 시조	현재 소재지
우邘	희姬, 무왕의 아들	허난 성 친양沁陽 서북쪽 위타이 진邘臺鎭
형邢	희, 주공의 후예	허베이 성 싱타이邢臺
기郊	희, 문왕의 아들	산시陝西 성 치산岐山 동북쪽
빈邠	희, 태왕 공단보의 나라	산시 성 빈 현彬縣
패邶	주왕의 아들	허난 성 치 현淇縣 이북, 탕인湯陰 동남쪽 일대
태邰	강姜	산시 성 우궁武功 서남쪽
재鄼	희	허난 성 민취안民權 동쪽
시邿	임妊, 노나라의 속국	산둥 성 지닝濟寧 동남쪽
성郕	희, 무왕의 동생 숙무叔武	허난 성 판 현范縣의 일부
주邾	전욱顓頊의 후예	산둥 성 쩌우 청鄒城 동남쪽에 옛 성이 있었고 나중에 후베이湖北 성 황강黃岡으로 옮겨갔음
순郇	희, 문왕의 아들	산시山西 성 린이臨猗 남쪽
고郜	희, 문왕의 아들	산둥 성 청우成武 동남쪽

---

3 '국'은 본래 명칭이 '방'이었다. 나중에 한 고조 유방의 이름과 글자가 같다는 이유로 수많은 문헌의 '방'이 '국'으로 고쳐졌다.

국명	성과 시조	현재 소재지
석䣌	촉중蜀中 지역의 소국	쓰촨四川 성 충라이邛崍
엄奄	영嬴, 상나라의 동맹국	산둥 성 취푸曲阜 옛 성 동쪽
내郲	강姜	산둥 성 룽커우龍口 동남쪽 라이쯔청萊子城 일대
예郳	조曹, 주후邾侯의 후예	산둥 성 텅저우滕州 동쪽
주邾	강, 염제의 후예	
곽郭	춘추시대 나라 이름	산둥 성 북부의 어느 지역
담郯	소호少昊의 후예	산둥 성 탄청郯城 북쪽
계郪	황제의 후예	베이징 서남쪽
우郵	운妘	산둥 성 린이臨沂 북쪽
식郒	희姬	허난 성 시 현息縣 동남쪽
추鄒	조曹, 전욱의 후예	산둥 성 쩌우청 동남쪽 지왕청紀王城
전鄟	노나라의 속국	산둥 성 탄청 동북쪽
용鄘	관숙의 봉지封地	허난 성 신샹新鄕 서북쪽
담鄲		산둥 성 장추章丘 서쪽
허鄦	강姜	허난 성 쉬창許昌 동쪽
증鄫	사, 우왕의 후예	산둥 성 짜오좡棗莊 동쪽
심鄩	사姒	산둥 성 웨이팡濰坊 서남쪽
등鄧	만曼	허난 성 덩저우鄧州
회鄶	운妘, 축융祝融의 후예	허난 성 신미新密 동남쪽

방국은 가장 적합한 명칭이었다. 왜냐하면 모든 '방'은 도시와 농촌을 포괄했기 때문이다. 도시는 '국'이라 불렀고 도시에 농촌을 더하면 '방'이라 불렀다. 방은 전체 영토를 아우르고 국은 도읍만 가리켰기 때문에 방이 국보다 더 정확했다. 물론 방과 국은 통용되기도 했다. 방이라 불러도 되고, 국이라 불러도 되고, 또 방국이라 불러도 됐다.

방국도 크고 작은 차이가 있었다. 조금 작은 것은 도시 하나에 주변의 농촌으로 이뤄졌다. 그래서 그 나라의 이름은 보통 도시 이름을 따랐다. 이것은 '도시국가'였다. 그리고 조금 큰 것은 중심 도시가 수도이고 여기에 몇 개의 도시와 주변 농촌이 더해졌다. 이것은 '영토국가'였다. 서주 초기의 방국들은 대부분 도시국가였다. 오직 주나라만 예외여서 풍豐, 호鎬, 낙읍洛邑 등 도시가 꽤 여러 곳 있었다.

주나라도
방국이었을까?

그랬다. 다만 제일 크고 제일 상위에 있는 방국이었다. 주나라의 군주는 '왕'이라 칭했으므로 '왕국'이었고 오직 주나라의 군주만 왕이라 칭할 수 있었다. 다른 방국의 군주는 공公(송나라)이거나 후侯(제나라)이거나 백伯, 자子, 남男, 불不 등이었다. 하지만 그들은 통칭하여 '후'라고 불렸다. 후는 '나라를 가진 자' 혹은 '변경을 지키는 특별한 작위'이기 때문이었다. 다시 말해 변경에서 천자를 보위하는 사람이어서 따로 '후위侯衛'라고 불리기도 했다. 숫자가 많다는 이유로 '제후諸侯'라고도 불렸다. 훗날 전국시대에 제후들이 앞 다퉈 왕이라고 칭했을 때 방국 제도는 해체되었다.

주周 왕국王國과 여러 방국으로 이뤄진 세상을 '주周 천하天下'라고 불렀다. 이 천하는 진·한 이후와는 크게 달랐다. 진·한 이후에는 "하나의 천하, 하나의 국가, 한 명의 천자, 한 명의 원수元首"였다. 진나라와

093

진의 천하는 하나였고 진의 천자는 곧 진의 황제였다. 이것을 '제국帝國제도'라고 부른다.

방국제도는 달랐다. "하나의 천하, 많은 방국, 한 명의 천자, 수많은 원수"였다. 천하는 주 천하 단 하나이고 천자도 주나라 왕 단 한 명이었지만 이 천하 안에는 송공국宋公國, 제후국齊侯國, 정백국鄭伯國, 초자국楚子國 등 많은 방국이 있고 자신들의 원수와 다양한 성姓을 가졌다.

이런 천하를 어떻게 '왕조'라고 부르겠는가?

'국가연맹'이라고 부를 수밖에 없으며 어느 정도 영국연방과 유사하다. 다만 영국은 연방의 '종주국'이 아니며 여왕도 제후를 봉하지 않는다. 또한 영국연방의 구성국인 캐나다, 뉴질랜드, 호주 등은 모두 평등하여 '느슨한 연합체'를 이루고 있다. 이에 반해 주 왕국과 제후국은 불평등한 '군신관계'였으며 주나라 천자는 '봉封'했을 뿐만 아니라 '건建'하기도 했다.

주나라의
들녘

'건'이란 무엇일까?

건은 바로 '건국'이다. 이것은 수토授土, 수민授民, 수작授爵, 풀이하면 땅과 백성과 작위의 하사를 포함했다.

책봉 의식은 성대했다. 파랑, 하양, 빨강, 검정, 노랑, 이 다섯 색의 흙으로 제단을 쌓아 각기 동, 서, 남, 북, 중앙을 상징하게 했다. 제후들이 각각 어느 방위에 책봉되었느냐에 따라 그 방위에 해당되는 흙을 취하고 가운데를 상징하는 황토를 섞은 뒤 풀잎에 싸서 제후의 손에 넘겼다. 이것이 '수토'였으며 제후가 자신의 땅에 대해 사용권을 갖고 있음을 표시했다.

천자가 제후에게 하사한 백성은 주족周族 출신의 신하들, 상나라의 유민들, 봉지의 원주민들을 포함했다. 물론 이것은 주로 노, 위, 진, 연 등의 나라에만 해당되었다. 다른 방국들은 상나라 유민이 없을 수도 있는 반면, 원주민은 반드시 있었다. 그리고 지도 집단은 제후 자신의 것이었다. 이것을 '수민'이라고 했고 제후가 자신의 백성에 대해 통치권을 지녔음을 표시했다. 이것 역시 주나라인의 발명이었다. 이처럼 토지와 백성을 함께 하사한 기록이 상나라 복사에는 없기 때문이다. 이로써 주나라의 봉건만이 '진정한 봉건'이었음을 알 수 있다.

세 번째는 군주를 지정한 뒤에 국호를 짓고, 훈시(예컨대 주공의 「강고」)를 발표하고, 책봉의 상징물(면류관, 예기, 의장儀仗 등)을 수여하는 것을 포함한다. 이것이 바로 '수작'으로서 제후가 상대적인 독립과 합법적인 권력 그리고 부자상속 혹은 형제상속의 세습권을 가졌음을 표시했다.

이 세 가지 절차는 중대한 의미를 지닌다.

사실 봉건이 반드시 수토, 수민, 수작을 해야 했다는 점에서 우리는 주나라인의 '국가 개념'을 확인할 수 있다. 이때의 방국들은 아직 초기 단계의 국가이거나 심지어 국가라고 부를 수조차 없었다. 하지만 이때부터 토지, 인민, 지도자가 중국 민족의 '국가의 3요소'가 되었다. 예를 들어 현대 중국의 찬송시 「조국을 노래하라歌唱祖國」는 첫 연이 토지, 둘째 연은 인민, 셋째 연은 지도자에 관해 노래한다. 이것은 주나라 제도의 깊고 오랜 영향의 결과다.

현실적인 의의도 매우 분명하다. 수토와 수민은 주나라 왕이야말로 온 세상 땅과 백성의 유일한 재산권자이자 법인임을 나타내고, 수

작은 그가 모든 방국의 최고 통치자임을 나타낸다. 이른바 "온 천하가 왕의 땅이고 온 천하 사람들이 왕의 신하普天之下, 莫非王土, 率土之濱, 莫非王臣"임을 여실히 보여준다.

주권과 재산권은 다 주나라 왕에게 속하고 제후에게는 재정권과 통치권밖에 없었다.

그러나 당시에는 그렇게 시시콜콜 따지는 사람이 없었던 것 같다. 절차가 다 끝난 뒤, 책봉을 받은 제후들은 화려한 예복과 보석으로 면모를 일신했다. 그러고는 관료와 친족과 백성과 노예들을 이끌고 희희낙락 영지로 달려가서 경계를 정하고, 종묘사직을 짓고, 자식들에게 분봉하고, 조세를 거두고, 토지를 나누는 등 눈코 뜰 새 없이 바빴다.

물론 가장 중요한 것은 종묘와 사직의 건립이었다. 종묘에서는 역대 조상들에게, 사직에서는 토지의 신과 오곡五穀의 신에게 제사를 올렸다. 이 두 제단이 중요했던 것은, 땅과 곡식이 있어야 백성이 있기 때문이었다. 그래서 '사직'은 국가의 대명사가 되었다. 아울러 여기에서 건축제도가 비롯되기도 했는데, 수도의 중앙은 궁전이고 궁전의 좌측에는 종묘, 우측에는 사직을 배치했다. 이를 가리켜 '좌조우사左祖右社'라고 불렀다.

나눈 토지와 백성을 잘 결합시키는 것도 중요했다. 구체적인 방안은, 백성을 일정한 단위로 편성하고 토지를 분배하는 것이었다. 우선

넓은 토지를 9등분 하고 가운데 부분을 '공전公田', 나머지 여덟 부분을 '사전私田'이라 했다. 사전은 혈연관계에 따라 새롭게 편제된 농민들이 일종의 '도급 생산'을 했다. 그러나 여덟 가구의 농민들은 반드시 가운데의 공전을 먼저 경작해야만 비로소 사전을 경작할 수 있었다. 공전의 수입은 공공 사무에 쓰였으며 이런 제도를 '정전제丁田制'라고 불렀다.

私	私	私
私	公	私
私	私	私

정전제에 관해서는 예로부터 논란이 이어져왔다. 정전제가 확실히 있었다는 주장도 있고 순전히 상상이라는 주장도 있으며 학자마다 각양각색의 설명을 시도했다. 양콴楊寬의 『서주사西周史』와 쉬줘윈許倬雲의 『서주사西周史』를 참고.

그때의 들녘은 아마 이랬을 것이다.

우물 정井 자 모양으로 가지런하게 구획된 상태에서 가장자리는 경계이고 가운데에는 논밭 길이 나 있으며 각 경작지의 면적은 딱 100묘畝(약 66,666.67제곱미터)였다. 물론 모든 지역이 정확히 다 이렇지는 않았을 것이다. 하지만 어쨌든 균등하게 토지를 나눠 갖고 공공의 이익과 사적인 이익을 함께 도모하는 것이 가능했다. 대부大夫와 제후가 공전에서 이익을 취하는 것은 당연한 일이었다.

상징적인 의미에서 정전제는 심지어 일종의 '봉건'이기도 했다. 혹은 거꾸로 봉건이 정전이었다고 볼 수도 있다. 제후들 한가운데의 주나라 왕과, 역시 봉지封地를 받은 대부들 한가운데의 제후가 바로 공전에 해당되었다.

諸侯	諸侯	諸侯
諸侯	天子	諸侯
諸侯	諸侯	諸侯

大夫	大夫	大夫
大夫	諸侯	大夫
大夫	大夫	大夫

제후, 천자, 대부

그런데 이런 제도가 왜 "그 자체로 안정 유지 기능이 있었다"고 하는 것일까?

왜냐하면 봉건은 일종의 질서였기 때문이다.

봉건은
질서다

봉건제는 세상을 세 등급으로 나누었다.

제일 높고 제일 큰 등급은 '천하'였다. 당시의 관념에서 그것은 곧 '전 세계'였다. 천하의 최고 리더는 '천자', 즉 주나라 왕이었으며 '주천 왕周天王'이라고도 불렸다. 하늘 아래 모든 사람의 군주여서 '천하공주 天下共主'라는 칭호도 가졌다. 그의 방국은 '왕국'이고 그의 친족은 '왕족'이며 그의 가족은 '왕실'이었다. 또한 그의 사직은 '왕사王社'였다.

그 아래 등급은 '국國', 다시 말해 '봉국封國'이었다. 봉국의 군주는 '국군國君'이었으며 그의 작위를 세분하면 다섯 등급이었지만 '공후公侯' 라고 통칭했다.[4] 그래서 그들의 친족은 '공족公族'이고 그들의 가족은 '공실公室'이었다. 또한 그들의 사직은, 백성을 위해 세운 것은 '국사國 社', 자신을 위해 세운 것은 '후사侯社'[5]라고 불렸다.

마지막 등급은 '가家'인데 바로 '채읍采邑'이었다. 채읍의 군주는 '가

---

4 공, 후, 백, 자, 남의 다섯 등급 작위제도는 서주 중후기에 완성된 것으로 보인다.
5 『예기』 「제법祭法」 참고.

군家君', 다시 말해 '대부'였다. 대부는 제후처럼 세습되었고 아무개 '씨氏'라고 불렀다. 예를 들어 춘추시대 노나라에는 계손씨季孫氏, 맹손씨孟孫氏, 숙손씨叔孫氏가 있었다. 이것은 '가'와 '국'의 구별이기도 했다. 국군은 성(희姬 성, 강姜 성, 사姒 성, 영嬴 성)으로 칭하고 대부는 씨로 칭했다. 그래서 대부의 친족은 '씨족氏族'이고 가족은 '씨실氏室'이었다.

등급	명칭	군주	신분	가족	친족	아들
1등급	천하	천자	천하공주	왕실	왕족	왕자
2등급	국	제후	국군	공실	공족	공자
3등급	가	대부	가군	씨실	씨족	군자

천하, 국, 가는 이처럼 등급이 매우 뚜렷했다.

이것이 이른바 '봉건'이었다. 봉은 '세력 범위의 구분'이고 건은 '군신君臣관계의 정리'였다. 왜 '군신'이었을까? 제후는 천자가 책봉하고 대부는 제후가 세웠기 때문이다. 전자는 '봉방건국封邦建國', 후자는 '봉토입가封土立家'라고 불렸다. 이 또 하나의 '봉건'도 청동기의 명문으로 입증되었다.

따라서 제후는 천자의 신하이고 대부는 제후의 신하였다. 대부는 제후를 힘써 보좌하고 정벌과 공납 등의 의무를 졌다. 제후의 의무는 변경을 지키고, 왕실을 옹위하고, 공물을 바치고, 천자를 알현해 업무를 보고하는 것이었다. 물론 다른 제후에게 치욕을 당하면 천자에게 호소할 수 있었고, 그러면 천자가 나서서 공정하게 처리했다. 이것은 천자의 의무였다.

마찬가지로 권리와 권력도 명확했다.

천자는 제후를 봉할 권리가 있었고 제후는 또 대부를 봉할 권리가 있었다. 그러나 대부에게는 그럴 권리가 없었다. 다시 말해 대부를 봉하고 나면 더는 봉할 수 없었다. 또한 통치권은 이 세 등급에만 존재했다. 다른 점이 있다면 천자는, 이론상으로는 주 천하에 대해, 실제로는 주 왕국에 대해 모두 통치권을 가졌다. 제후와 대부는 자신들의 봉국과 채읍에 대해서만 통치권을 가졌지만 그들의 통치권은 이론상의 것이면서 동시에 실제적인 것이었다. 다시 말해 대부의 가와 제후의 국은 전부 자치였다. 대부는 스스로 채읍을 관리할 권리가 있었으니 이를 '제가齊家'라 하였고 제후는 간섭하지 않았다. 또한 제후는 스스로 봉국을 다스릴 권리가 있었으니 이를 '치국治國'이라 하였고 천자도 참견하지 않았다. 그러나 대부는 '제가' 외에도 제후의 '치국'에 협조할 의무가 있었다. 제후도 동란이 발생했을 때 천자의 명을 받아 천하를 평화롭게 할 의무가 있었다. 이것을 '평천하平天下'라 불렀다.

이처럼 세 등급은 매우 질서정연한 체계로 연결되었다.

이것이 바로 '방국제도'이며 진정한 의미의 '봉건'이었다. 이 제도에서 주나라 천자는 명의상 '천하공주'였지만 실제로는 '입헌군주'였다. **102**

대부의 가와 제후의 국이 함께 진정한 정치적 실체, 즉 '가국家國'을 이루었다. '가국'이 '국가'로 변한 것은 전국시대에 이르러서였다. 진·한 시대 이후, 국가와 천하가 하나로 합쳐지자 방국은 제국으로 변했다. 그 이후로 천하에는 오직 '군현郡縣'만 세워지고 '제후'는 봉해지지 않아 봉건제는 제 수명을 다하고 사라졌다. 봉건은 전국시대 이전의 '국제질서'였다.

이런 일이 다른 곳에도 있었을까?

없었다. 주나라인의 방국제도는 대다수 고대 문명국의 '군주제'와도, 고대 그리스의 '민주제'와 고대 로마의 '공화제'와도, 나아가 근현대의 '연방제'와도 달랐다. 유럽 및 일본의 '봉건제'와도 유사점이 있었을 뿐이다. 정전, 종법, 예악과 긴밀하게 결합된 봉건제는 중국 민족 고유의 국가체제이자 주나라인의 '제도 혁신'이 낳은 결과였다.

그들의 혁신은 지혜로웠다. 정전제는 경제적 기초이고 봉건제는 상부구조였으며 동시에 이 두 가지는 다 정권을 공고하게 만드는 수단이었다. 봉건제는 희姬 성의 주나라와 다른 성들을, 그리고 중앙과 지방을 하나로 묶었으며 정전제는 민심과 민생을, 백성과 토지를 하나로 묶었다. 그래서 농민은 고향을 등지지 않았고 유력자들은 반기를 들지 않았으며 반골들도 공연히 말썽을 피우지 않았으니 천하가 태평하지 않을 수 없었다.

더구나 봉건도, 정전도 다 질서였다. 질서가 있으면 어지럽지 않다.

그러나 질서만으로는 안정을 유지하기에 부족하다. 왜냐하면 질서는 파괴될 수 있기 때문이다. 그렇다면 주공과 그의 후계자들은 봉건질서를 지키고 사회적 동란을 방지하기 위해 또 어떤 방법을 갖고 있었을까?

바로 종법과 예악이었다.

천하는 한집안이다

적장자

종법제의 핵심은 적장자嫡長子였다.

'적'은 곧 정실, 즉 처妻이며 처가 낳은 아들을 적자嫡子라고 하는데, 그중에서도 첫째로 낳은 아들을 적장자라고 불렀다.

적과 반대되는 것은 '서庶'였다.

서는 많다, 미미하다, 번잡하다, 비천하다 등의 뜻을 갖고 있다. 물건이 희소하면 귀하고 많으면 값어치가 떨어진다. 서는 본래 뜻이 '많다'이므로 '비천하다'는 뜻도 있다.

그러나 서자의 지위가 적자보다 낮았던 것은 적자의 숫자가 적었기 때문이 아니라 서자의 어머니의 숫자가 많았기 때문이다. 적자의 어머니는 처이므로 한 명일 수밖에 없었지만 서자의 어머니는 첩妾이어서 여러 명일 수 있었다. 서주의 결혼제도에 따르면 귀족 남자는 본처와 첩을 다 둘 수 있었다. 가장 낮은 등급의 귀족은 '일처일첩'을, 그 이상의 귀족은 '일처다첩'을 두었다. 그리고 이것을 '일부일처다첩제'라고 불렀다.

일처다첩은 종법제의 내용 중 하나이기도 했다.

어쨌든 첩은 숫자가 많았으므로 당연히 '서'였다.

사실 첩이라는 명칭은 폄훼의 의미를 가졌다. 그것의 본래 뜻은 여자 노예였고[1] 최초에는 여자 전쟁포로였다. 전쟁포로들은 목숨을 부지하기 위해 노예가 될 수밖에 없었다. 최초의 첩들은 승리자가 마음대로 차지할 수 있는 여성이었을 가능성이 큰데, 그것은 역시 그녀들이 포로였기 때문이다. 당시 전쟁포로에게 무슨 인권 같은 것이 있었을 리 없다.

훗날의 첩도 마찬가지였다.

'일처다첩제'에 따라 처와 첩의 내력은 달랐다. 처는 '취娶'라고 불리고 첩은 '납納'이라고 불렸다. 처는 반드시 남자와 엇비슷한 집안 출신이어야 했으며 중매인을 통해 정식으로 배우자가 되었다. 반면에 첩은 훔쳐올 수도 있고, 빼앗아올 수도 있고, 사올 수도 있고, 속여서 데려올 수도 있었다. 첩은 신분과 지위가 전혀 중요하지 않았다. 부인이 친정에서 데려온 몸종이어도 되고, 부모의 시녀여도 되고, 술집 기생이나 친구의 무희舞姬여도 상관없었다. 그래서 부모가 상으로 줄 수도 있고, 친구가 선물할 수도 있고, 자기가 달라고 요구할 수도 있었다. 이렇게 얻은 첩의 지위가 어땠을지는 쉽게 짐작할 수 있다.

107

---

1 첩이 여자 노예였다는 것은 『고문자고림』 3권 152항, 여자 노예가 첩으로 통칭된 것은 『좌전』 희공 17년 참고.

또한 이런 이유로 인해 이 제도는 '일처다첩제'라고 불러야지 '일부다처제'라고 불러서는 안 된다.

자연히 그녀들의 아들도 불평등한 지위를 누렸다.

사실 서자와 적자만 불평등했던 것이 아니라 적자와 적자도 불평등했다. 지위가 가장 높은 아들은 '적장자'이고 다음은 '차자次子', 즉 처의 다른 아들들이며 그다음은 첩의 아들인 '서자庶子'였다. 하지만 그들의 아버지는 동일인인 데다 귀족이었다. 만약 아버지가 주나라 왕이면 그들은 왕자였고 아버지가 제후면 그들은 공자였다. 왕자와 공자도 여러 등급으로 나눠야 했을까?

그래야 했다. 계승권 때문이었다.

천자, 제후, 대부에게는 유산이 매우 많았다. 작위, 영지, 재산, 권력을 다 누군가가 계승해야 했다. 계승권의 소유자는 당연히 그들의 아들이었다. 천자의 왕족, 제후의 공족, 대부의 씨족은 사회 전체와 마찬가지로 모두 '가부장제'를 실시했다. 이것도 종법제의 또 다른 내용이었다. 그러나 모든 아들이 다 계승하는 것은 불가능했다. 재산이야 나눌 수 있지만 작위와 권력은 나눌 수 없으므로 아들 한 명에게 물려줄 수밖에 없었다.

이 일은 규칙을 세워 처리해야 했다. 규칙이 없어 아들들이 싸우면 안정을 유지할 수 없었다.

종법제가 바로 그 규칙을 세웠다.

주나라인이 세운 규칙은 일명 '적장자계승제'였다. 그것은 한마디로 당시의 '상속법'으로서 단지 '민법'은 아니고 '예법'이었다. 이것은 종법제의 핵심이자 관건이었다. 이 제도에 따르면 아버지의 작위와 권력뿐만 아니라 부계 가족의 혈통까지 오직 적장자만 계승할 수 있었다. 바로 이것을 '종법宗法'이라고 불렀다. 왜 '종법'이라고 불렀을까? 왜냐하면 친족의 제1대를 '조祖'라 하고 제2대를 '종宗'이라 했기 때문이다. 누가 제2대(종)가 될지 정하는 예법이므로 당연히 '종법'이라 불렀다.

종법제에 따르면 조가 누구인지는 상관 안 해도 되지만 제2대부터는 원칙적으로 적장자만 계승이 가능했다. 적장자에서 적장자로 중단 없이 계속 계승되면 그런 계승을 '적전嫡傳', 그런 계보를 '적계嫡系', 그리고 그런 혈통과 그런 종파를 각각 '정통正統'과 '정종正宗'이라 불렀다.

이제 종법의 3요소를 정리해보자.

1. 가부장제
2. 일부일처다첩제
3. 적장자계승제

그런데 이것은 봉건과 또 무슨 관계가 있을까?

거대한
가족

귀족이 다 세습이었다는 점에서 관계가 있다.

세습은 계승권의 문제를 안고 있다. 작위는 하나밖에 없다. 그래서 귀족은 누구보다도 더 종법을 중시했다. 종법제에 따르면 천자, 제후, 대부는 다 예외 없이 적장자에게 자리를 물려줘야만 했다. 다른 적자들을 포함한 나머지 아들들은 혈통조차 계승할 수 없었다. 하지만 그 공자, 왕손들도 어쨌든 '귀한 집 자식'인데 의지할 데 없이 떠돌아다니게 할 수는 없지 않은가?

해결책은 단 한 가지, 바로 분봉이었다.

분봉은 간단했다. 천자의 적장자가 천자가 되면 그의 적자 아우와 서자 형은 지방의 제후가 되거나 왕국에 남아 공경公卿이 되었다. 마찬가지로 제후의 적장자가 제후가 되면 그의 형제들은 각기 대부가 되었다. 종법제와 봉건제는 마치 한 몸과도 같았다.

그 결과는 어땠을까?

천하가 한집안이 되었다.

이것은 필연적인 일이었다. 우선 천자는 하늘의 적장자여서 '천자'라고 불렸다. 그리고 제후는 천자의 형제였고 대부는 또 제후의 형제였다. 적자, 서자의 구분이 있더라도 어쨌든 형제였다. 대부와 제후가, 천자와 이런 관계인데 어찌 세상 사람 모두가 형제가 아닐 수 있겠는가?

물론 여기에서 말하는 제후는 성이 희인 제후다. 그러나 천자와 이성異姓 제후, 그리고 희성 제후와 이성 제후 사이에는 혼인관계가 있었다. 예컨대 희 성인 진晉나라와 강姜 성인 진秦나라는 대대로 혼인관계를 유지했다. 이렇게 해서 천자, 제후, 대부는 서로 형제 아니면 숙질이었고 그것도 아니면 장인과 사위, 매부와 처남, 동서지간, 사돈관계였다. 결국 모두가 '한집안'이었다.

그것은 실로 '거대한 집안'이었다. 자녀는 수많은 민중이고 가부장은 각급의 군주였다. 그래서 그들은 아주 당연하게 각기 '자민子民'과 '군부君父'로 불렸다. 이런 칭호들의 기원은 이미 정확히 고증할 방법이 없긴 하지만 그래도 이것들이 명나라, 청나라 때까지 줄곧 사용되었고 그 사상적 기원이 주나라인 것만은 부정할 수 없다.

그러나 '주 천하'라는 이 '집안'에는 계층이 있었다. 하늘의 '적장자'인 천자는 천하 백성의 '왕 아빠'이고 제후는 '둘째 아빠', 대부는 '셋째 아빠'였다. 백성은 '자녀'이므로 '자민'이었다. 자녀는 결혼해 가족을 이뤄야 하는데, 그들의 가족은 일부일처에 첩은 없었다. 또한 이런 가족들도 전부 조상이 있었다. 조상을 실마리로 삼아 가족은 '가문'을 구성하고 '가문'은 '종족'을 구성했다. 이 종족들은 대부에게 의지하고 종속되어 '씨족'을 구성했으며 대부는 씨족의 족장이었다. 씨족은 제후에게 의지하고 종속되어 '국족國族'을 구성했으며 제후는 국족의 족장이었다. 국족은 천자에게 의지하고 종속되었으니 이것이 '민족民族'을 구성했다. 이 민족은 서주 시대에는 '하夏'로, 춘추시대에는 '화華'로 불렸으며 나중에 '화하'로 합쳐 불렸다. 주나라 천자는 이 민족의 '대족장'이었다.

그러고 보면 일반적으로 학계에서 중국의 국가와 민족이 주나라 때 정식으로 형성되었으며 그 국가와 민족은 일종의 '거대한 가문'이었다고 보는 것이 이해가 간다.

동시에 그것은 '거대한 회사'이기도 했다.

주 천하라는 이 회사는 '가문 유형'의 조직으로서 본사와 자회사를 두었다. 본사의 이름은 '천하'이며 사장은 천자, 회장은 하늘이었다. 천자의 통치권은 하늘이 준 것이고 천하의 재산권도 하늘에 속했기 때문이다. 이어서 자회사의 이름은 '국國'이고 회장은 천자, 사장은 제후였다. 국은 천하의 자회사이면서 동시에 자기 밑에도 '가家'라는 자회사를 두었다. 자회사의 자회사인 가는 회장이 제후이고 사장은 대

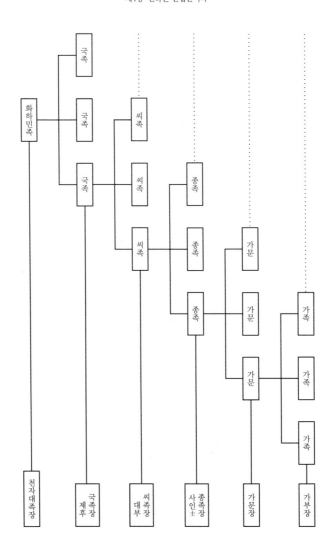

부였다. 대부는 제후에게서 가를 다스릴 권한을 받고 제후는 천자에게서 국을 다스릴 권한을 받기 때문이었다. 또한 하늘이 천자에게 권한을 내리는 것을 '천명'이라 했으며 천자가 제후에게, 제후가 대부에게 권한을 내리는 것은 '봉건'이라고 해서 '봉방건국'과 '봉토입가'를 포괄했다.

	관계	회장	사장	수권의 방식
천하	본사	하늘	천자	천명
국	천하의 자회사	천자	제후	봉방건국
가	국의 자회사	제후	대부	봉토입가

따라서 이론적으로 천자에게는 제후의 봉국을 회수할 권한이 있었고 제후에게도 대부의 채읍을 회수할 권한이 있었다. 이것은 문헌의 기록과 유물을 통해서도 증명되었다. 물론 하늘은 더더욱 천하를 회수할 권한이 있었다. 다만 그 일은 엄청나게 큰 사건으로서 역사에서는 '혁명'이라고 불렀다.

혁명은 왜 일어났을까?

'회사'에 문제가 있기 때문이었다.

희주주식회사

주 천하라는 이 회사는 '주식회사'와 조금 닮았다. 그리고 한 그루 나무에 비유될 수도 있다. 정전은 잎이고 촌락은 꽃과 과일이며 채읍은 잔가지, 봉국은 가지, 천하는 줄기였다.

이런 나무가 있는 것은 좋은 일이었으며 그 밑에서 더위를 피할 수 있었다.

그러나 나무가 지나치게 크면 귀찮은 일이 생기게 마련이다.

예를 들어 나무가 크면 바람을 부른다.

바람은 불게 되어 있었다. 어쨌든 주나라인은 '중국'을 얻었을 뿐이었다. 사방의 동이, 남만, 서융, 북적이 모두 '바람 구멍'이어서 언제 어떻게 바람이 불지 아무도 몰랐다. 혹시나 일제히 바람이 불어 닥치면 소용돌이가 될 수도 있었다. 실제로 나중에 서주가 망하고 평왕平王이 동쪽으로 천도한 것은 '서북풍' 때문이었다.

나무가 크려면 반드시 뿌리가 깊어야 한다.

그래서 주대의 통치자와 사상가는 모두 일본 기업가들처럼 '화和'를 주장했다. 다만 중국은 '조화'를, 일본은 '화합'을 강조했다. 일본인들은 사장부터 직원까지 기업을 하나의 대가족처럼 여겨야 한다고 생각한다. 그리고 가족 내부에서 충돌이 일어나지 않도록 각자 '안정 유지'의 책임과 '화합 유지'의 의무가 있다. 그래야만 다 같이 화합해 장족의 발전을 이루고 함께 부자가 될 수 있다. 이것을 가리켜 '화합경영'이라고 한다.

일본과 한국은 '유교자본주의'(동아시아 개발도상국가에서 유교 윤리가 자본주의 발전에 큰 기여를 했다는 학설)의 모범 사례로 간주되어왔다. 이것은 사실인 듯하지만 그렇지 않다. 물론 중국 문화는 일본과 한국에 영향을 끼쳤고 기업 관리에도 성공적으로 활용되었다. 그러나 진정으로 결정적인 작용을 한 것은 '유교 사상'이 아니라 시장경제, 계약정신, 법치의 원칙을 포괄하는 '자본주의'다. 적어도 그들은 재산권이 명확하다. 주식회사의 자본은 주주들이 한 주 한 주 보태 모은 것이다. 피같은 밑천을 잃고 싶지 않으면 다들 마음을 모아 어려움을 극복해나가야 한다.

더욱 중요한 것은 명확한 재산권과 명확한 책임과 명확한 권리다. 모두가 회사의 주주로서 회사를 위하는 것이 자신을 위하는 것이라고 생각한다면 누가 노력하지 않겠는가?

그러나 주 천하는 재산권이 불명확했다.

사실 모두가 알고 있듯이 주나라 천자의 '자본'은 무력을 통해 얻은 것이었다. 그러나 '군권천수'의 이론에 따라 하늘이 천명을 내려준 것으로 이야기되어 "온 천하가 왕의 땅이 되었다普天之下, 莫非王土." 이런 이유로 모든 회사 지분은 다 주나라 왕의 것이었다. 다만 사람들에게 나눠주었을 뿐이다. 제후와 대부는 '비상장주식'을 얻었고 천하의 사농공상土農工商은 기술 지분을 인정받았다. 이처럼 모두가 주주인 이상, 한마음 한뜻으로 노력해야만 자신의 주식을 우량주로 만들 수 있었다.

하지만 그것은 헛된 바람이었다.

우선, 희 성이 세운 이 주나라를 '희주姬周주식회사'라고 하면 이 회사는 '생산'도 안 하고 '이익 배당'도 안 했다. 회사 본부는 '관리비'를 거두는 것밖에 몰라서 회사의 생존과 발전은 전적으로 제후의 국과 대부의 가의 '자력갱생'에 달려 있었다.

그다음으로, 이 회사는 '상장'도 안 하면서 케이크를 나누려고 하는 바람에 저마다 더 많이 먹고 더 많이 차지하려 했다. 그 결과는 오직 내분밖에 없었다.

더 중요한 것은, 누군가가 반기를 들고 천자에게 이렇게 따질 수도 있었다. 온 천하가 왕의 땅이라는데 '위임장'이라도 있소? '등기부등본'은? 없다고? 그런데 무슨 근거로 우리가 일군 땅을 자기 것이라고 우

기는 거요? 우리가 창조한 부를 무슨 근거로 자기 지분이라고 우기냐
는 거요? 당신은 천명을 받았다는데 설마 나는 안 될 것 같소? 당신
은 대주주를 상나라에서 주나라로 바꿔놓았는데 설마 나는 못 할 것
같소? 못 믿겠으면 한번 혁명을 일으켜주지.

　그래서 전국시대가 되었을 때 주 천하라는 이 주식회사는 끝내 채
무에 몰려 파산하고 말았다.

　그러나 서주 초기에는 그런 것을 따지는 사람이 없었다. 어쨌든 회
사가 파산하기까지는 500년이 지나야 했다. 주나라인의 걱정은 생각
보다는 오래가지 않았다. 더구나 다들 이미 빠짐없이 청심환을 복용
했다. 적장자는 당연히 안정적인 지위를 유지했고 차자와 서자도 각
기 제 갈 길을 갔다. 이 정도면 조화로운 셈이었다!

　하지만 여기에는 아직도 문제가 있었다.

　무슨 문제였을까?

　천자와 제후의 차자와 서자는 또 분봉을 해줄 수 있었다. 그렇다면
대부는?

중대한
실책

대부가 될 수 없는 귀족 자제는 '사인士'이 되었다.

　사인 계층의 출현은 종법제와 봉건제의 필연적인 결과였다. 종법제에 따라 차자와 서자는 작위를 계승할 수 없었고, 또 봉건제에 따라 대부 밑으로는 분봉을 받을 수 없었기 때문이다. 그러므로 대부의 아들이 만약 계승권을 얻지 못하면 신분만 귀족이고 귀족의 작위를 갖지 못했다.

　그래서 작위를 계승 못 하는 이 대부의 자식들과, 가운이 기운 공자와 왕손 그리고 왕실과 공실의 먼 친척들이 제일 낮은 등급의 귀족인 '사인' 계층을 이뤘다.

　사인은 역사적으로 대단히 중요하다.

　그 중요성은 갈수록 더해졌다. 서주가 왕의 시대였고 동주가 제후의 시대였으며 춘추가 대부의 시대였다면 전국은 사인의 시대였다.

119

그때의 사인들은 열국列國을 주유하고 무리를 만들었으며 합종과 연횡을 도모하여 한 막, 한 막 놀라운 장면들을 만들어냈다.

진·한 이후, 중국 민족이 '제국의 단계'에 진입해 봉건제를 없애고 군현제를 실시하면서 제후와 대부, 이 두 귀족 계층은 소멸되었다. 황족을 제외하고는 모든 사람이 평민이었다. 그래서 사인은 평민의 우두머리가 되어 다른 계층과 함께 '사농공상士農工商'이라 불렸다. 한 제국부터 청 제국까지 관료 집단은 주로 사인들에 의해 조직되었으며 심지어 일명 '사족士族'이 형성되기까지 했다. 사인은 마지막에는 중국 역사의 주인이, 특히 중국 정치사와 사상사와 문화사의 주인이 되었다.

여기에는 결코 이유가 없지 않다.

우선, 주나라 시대의 사인은 귀족으로서 귀족의 권리와 대우를 누렸다. 그 권리는 제사권, 참정권, 종군권을 포함했으며 대우는 왕후와 대부보다는 낮았지만 평민보다는 높았다. 예를 들어 결혼은 일처일첩이 가능했고 제사에 제기祭器로 세 개의 정鼎과 두 개의 궤簋를 사용할 수 있었으며 악무로는 네 명의 무희가 두 줄로 춤을 추는 이일二佾이 허용되었다.

그러나 귀족으로서 사인은 권리는 지니되 권력은 없었다. 가장 중요한 것은 통치권을 가지지 못했다는 사실이다. 반면 천자와 제후와 대부는 다 영지를 보유했고 그 영지는 토지와 백성과 작위를 수여받는 3대 프로그램을 거쳤다. 그래서 영주는 재산권뿐만 아니라 통치권까지 가졌다.

사인에게는 영지가 없고 '식전食田'만 있었다. 이 식전에서 세금을 거둬 자기 것으로 삼을 수는 있었지만 식전과 관련된 농민들을 다스릴 수는 없었다. 게다가 일정한 직무를 맡아야만 식전이 지급되었으므로 식전은 그의 개인 재산은 아니었다. '세직世職'(세습되는 직무)과 '세전世田'(세습되는 경작지)을 가진 사인은 아주 소수였다.

갈수록 숫자가 늘어나던 사인들은 나중에는 어쩔 수 없이 '일'을 해야만 했다.

그러려면 능력이 있어야 했다. 실제로 사인들은 어느 정도 수완이 있었다. 누구는 무예에 뛰어나서 군인, 호위, 자객이 되었고 누구는 교양이 있어서 사관, 모사, 비서 역할을 했으며 또 누구는 경영 능력이 있어서 관리인, 회계, 매니저 일을 맡았다. 방술方術에 조예가 깊어서 의료, 풍수, 최음제 제조와 방중술 전수에 종사한 사람도 있었다. 물론 재주가 모자라 더 변변치 않은 일을 한 사람도 있었다.

확실히 주나라 시대의 사인은 당시의 '지식인'이자 '화이트칼라'였다. 지위가 높지도 낮지도 않고, 인원이 많지도 적지도 않고, 역량이 크지도 작지도 않아서 '중산계층'으로 키우기에 가장 적합했다. 만약 그랬다면 그들은 각급 정권을 공고히 하고 사회 안정을 지키는 '중견세력'이 될 수 있었을 것이다.

그러나 주나라인의 가장 큰 실책은 바로 여기에 있었다.

서주의 봉건제 실시 이후 진정으로 실권과 특혜를 얻은 이들은 제후와 대부였다. 최종적으로 모든 이권을 차지한 이들도 역시 이 '중상층 귀족'들이었다. 이것은 사실 '중앙'에 매우 불리했다. 제후와 대부가 강해질수록 천자는 약해지기 때문이었다. 가지가 강해지고 줄기는 약해진 결과, 주나라 왕실은 '유령회사'가 되고 천자는 허수아비 사장이 되어 끝내는 마음대로 도장조차 못 찍는 신세가 되었다.

따라서 '봉건질서'는 역사 무대에서 퇴출될 수밖에 없었다. 제후가 천자보다 더 강해지고 대부도 제후보다 더 강해질 수 있었기 때문이다. 자회사의 힘이 본사를 능가하는 상황에서 어떻게 질서가 유지될 수 있겠는가? 춘추시대에는 제후들이 이미 실권을 잃은 천자를 추앙하는 척했을 뿐이다. 전국시대에는 대부가 제후를 제거하는 일이 벌어졌다. 그런데 어느 경우에든 사인은 혼란의 공모자 역할을 했다.

그러나 어지러운 세상을 구하고자 앞장섰던 이들 역시 사인이었다. 그들이 바로 '제자백가諸子百家'다. 그중에서 유가儒家는 문사文士를, 묵가墨家는 무사武士를, 도가道家는 은사隱士를 대표했다. 그들은 모두 사인의 대표자였다. 단지 그들의 방안은 서로 판이했다. 심지어 그 시대는 백약이 무효하다고 생각한 이도 있었다.

그러면 왜 사인들은, 누구는 폭군의 학정을 돕고 누구는 혼란한 세상을 구제하는 데 일생을 바쳤을까? 왜 이런 차이가 빚어졌을까?

'군자'가 있고 또 '소인'이 있었기 때문이다.

122

군자와
소인

군자와 소인도 종법과 봉건에서 비롯되었다.

종법제에 의하면 귀족의 차자와 서자도 따로 새 계보를 열 수 있었다. 다만 적장자의 계보는 '대종大宗', 차자와 서자의 계보는 '소종小宗'이라 불렀다. 그런데 봉건제에 의하면 천자의 소종은 제후이지만 제후는 동시에 국족國族의 대종이었다. 마찬가지로 대부는 국족의 소종이면서 동시에 씨족의 대종이었고, 사인은 씨족의 소종이면서 동시에 종족의 대종이었다. 그래서 사인은 '일처일첩'을 둘 수 있었다. 심지어 사인의 종족이 방대해질 경우, 그의 차자와 서자도 가문의 수장이 될 수 있었다.

그런데 누구든 조금만 생각해도 이 세상에 대종이 많은지 소종이 많은지 쉽게 알 수 있다. 귀족들의 세대가 오래 누적될수록 '족族'이 갈라지고 소종인 사람의 숫자가 점점 더 많아졌을 것이다. 바로 이 점

123

으로 인해 수많은 사람으로 이뤄진 특수한 계층, 소인이 형성되었다.

소인은 곧 '소종의 사람小宗之人'이었다.

반대로, 적장자는 어쨌든 귀족이었다. 제후의 적장자는 국군國君이고 대부의 적장자는 가군家君이었다. 그리고 주나라 왕의 아들은 '왕자王子', 공후公侯(제후)의 아들은 '공자公子', 가군의 아들은 '군자君子'였다. 이것은 적, 서의 구분과 무관한 명칭이었다. 심지어 종족의 족장(사인)도 '엄연한 군주君主'여서 그의 아들 역시 '군자'라고 불릴 수 있었다. 적어도 적장자는 그랬다.

군자는 곧 '군주의 아들'이었다.(이어지는 표 참조)

이것이 바로 군자와 소인의 본래 의미다. 다시 말해 군자는 대종의 아들, 소인은 소종의 사람이었다. 이때 귀족으로서 소종의 사람은 역시 '인人(상고시대에 인은 전쟁의 승리자와 통치자를, 민民은 전쟁포로와 노예를 의미했다. 『이중톈 중국사』 2권, 제1장 '시민과 신민' 편 참조)이어서 적어도 '민民'보다는 지위가 높았다. 민은 평민과 노예였다. 그러나 맹자가 말한 대로 "군자의 은택은 다섯 세대를 넘지 못했다君子之澤, 五世而斬." 오랜 세월, 자자손손이 이어지면 귀족들의 서자의 서자의 서자는, 소종의 소종의 소종일 수밖에 없어서 심지어 '인'조차 못 되는 경우도 생겼다. 하급 귀족의 소종은 더욱더 그러했다.

여기에서 군자는 귀족, 소인은 평민이라는 두 번째 의미가 생겼다. **124**

귀족과 평민은 '계급'이면서 '등급'이기도 했다. 등급이기 때문에 나중에 군자는 고귀하고, 고상하고, 고아高雅하며, 소인은 저속하고, 범속하고, 비속하다는 구별도 생겼다. 그 원인은 간단하다. 문화적 자원과 교육적 배경이 달랐기 때문이다. 군자는 훌륭한 교육을 받을 수 있었으므로 당연히 '삼고三高'였고 소인은 정규 교육조차 받을 도리가 없어서 당연히 '삼속三俗'이었다.

더 나중에는 계급의 의미가 사라지고 등급의 의미도 희석되어 군자는 선인이며 소인은 악인, 혹은 군주는 도덕적으로 고상하고 소인은 성품이 나쁘다는 '범주'가 돼버렸다. 계급에서는 신분을, 등급에서는 품위를, 범주에서는 인품을 따졌지만 모든 면에서 군자는 높고 소인은 낮았다.

이것이 군자와 소인의 세 번째 의미다.

의심할 여지 없이 여기에는 차별의 시각이 깃들어 있지만 전혀 무의미하지는 않았다. 그 의미는 사인에게 중요했다. 왜냐하면 왕의 자식은 왕자, 공公의 자식은 공자이기 때문이었다. 이른바 '군자'는 주로 대부의 아들, 즉 '가군의 자식'인 사인을 가리켰다. 사인은 귀족과 평민 사이를 오갔다. 만약 그들이 끊임없이 노력하고 정진하는 삶을 살면 군자이지만 스스로 타락하면 소인으로 전락하는 셈이었다. 그러므로 군자의 덕을 세우고 군자의 기풍을 드날려야 했다. 설령 그 마지막 결과가 '정신적 귀족'이 되는 것에 그칠지라도.

125

하지만 그것은 매우 중요했다.

사실 '정신적 귀족'이 있어야 '귀족정신'이 있는 법이다. 귀족정신은 허세, 거드름, 어리광이 아니라 자유, 고귀함, 자율성, 독립성, 존엄성이다. 이를 위해 그들은 어떤 상황에서도 추태를 보이지 않았고 차라리 죽을지언정 모욕은 당하지 않았으며 언제나 살신성인의 자세를 유지했다.

이런 정신은 중국 민족의 고귀한 문화유산이다.

따라서 한 사회에서 중산층이 없어서는 안 되는 것처럼 정신적 귀족도 없어서는 안 된다. 중국 역사를 종으로 살피면 선진시대부터 당·송까지는 중산층이 없었을지언정 정신적 귀족은 있었다. 그러나 명·청 이후 전제정치가 날로 심해지고 문인들이 타락하면서 정신적 귀족과 귀족정신은 계속 희소해지고 심지어 말살까지 당했다. 이로써 중국 문명의 정신은 벼랑 끝에 서고 말았다!

그러나 이것은 나중 일이다. 지금은 서주를 살펴야 한다.

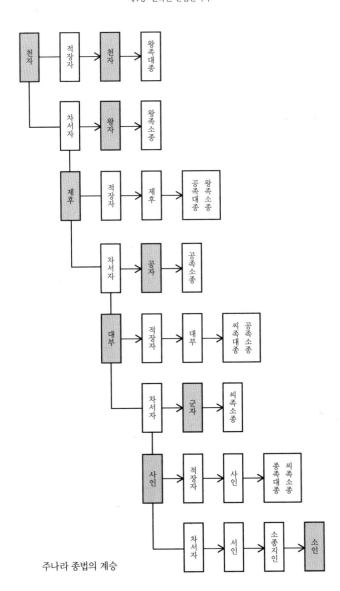

주나라 종법의 계승

어긋난
계산

그래도 주 천하는 나무가 크고 뿌리가 깊은 편이었다.

주나라의 뿌리는 농촌에 있었다.

이것은 별로 이상한 일이 아니다. 주나라인은 본래 농업민족이었다. 더구나 방국제도의 틀에서 제후의 국과 대부의 가는 전부 자주경영을 했다. 대부의 재정 수입은 당연히 채읍에서 나왔다. 그리고 제후의 재정 수입은 전국에서 나왔을 뿐만 아니라 자기도 개인 소유의 땅이 있었다. 마치 천자가 천하를 소유한 것 외에 주 왕국을 갖고 있는 것과 같았다. 주 왕국은 실체였다. 그것은 주 천하의 '중앙 정부'이면서 동시에 '독립 왕국'이었다. 훗날 주나라 천자가 실권을 잃은 것은 그의 왕국이 쇠약해져 그 종합적인 국력이 제후의 봉국뿐만 아니라 심지어 대부의 채읍에도 못 미쳤기 때문이다.

채읍은 주나라의 '말단 정권 조직'으로서 지위는 훗날의 현縣에, 규 **128**

모는 오늘날 중국의 향鄕에 해당되었다. 채읍 안에는 촌락이 있었으며 조금 큰 채읍에는 농장과 목장과 숲도 있었다. 그리고 읍내 밖의 들판에는 농민들이 8호나 10호 단위로 묶여 경작하는 정전이 있었다. 이 채읍의 사무는 대부의 '가신家臣'들이 관리했다.

가신들은 모두 사인이었다. 직위가 높은 가신은 '재宰'라고 불렸으며 대부의 '집사장'에 해당되었다. 공자의 제자인 자로子路와 염유冉有도 한때 노나라 대부 계손씨의 재였다. 하지만 그때는 이미 춘추시대였다. 서주 시대에 가신은 반드시 작위 세습을 못 하는 '가군의 자식'이어야 했다. 그들은 '가군'의 자리를 물려받을 적장자가 아니었으므로 어쩔 수 없이 '가신'이 되어 아버지와 형의 '제가齊家', 즉 가를 다스리는 일을 도왔다.

이것은 합리적이면서도 이해타산에 맞는 안배였다.

우리는 주 천하가 사실 매우 컸다는 것을 알고 있다. 멀리 하늘 끝에 자리한 주나라 왕뿐만 아니라 대국의 제후와 대읍의 대부도 백성과는 거리가 한참 멀었다. 그래서 가신이 대단히 중요했지만 군주들은 마음을 지나치게 풀어놓았다. 그럴 만도 한 것이, 가신은 대부의 자제이고 대부는 또 제후의 자제이고 제후는 천자의 삼촌, 형제, 자식과 조카, 사위, 동서, 매부, 장인이었기 때문이다. 이런 천하가, 이런 정권이 어찌 태산처럼 굳건하지 않을 수 있겠는가?

129　　적어도 그 뿌리는 결코 흔들리지 않을 만큼 충분히 깊어 보였다.

하지만 안타깝게도 인간의 계산은 하늘의 계산을 따라가지 못한다.

하늘의 계산은 어떠했을까? 세월이 오래되어 혈연이 옅어지면 관계가 줄어들게 마련이다. 이것은 자연의 법칙이다. 그래서 혈연과 결혼을 이용한 정치적 연맹의 결속은 효과적이기는 하지만 오래가지는 못한다. 한집에 네 세대는 모여 살 수 있어도 다섯 번째 세대에 이르면 분가를 피할 수 없다.

더구나 주 천하라는 이 본사는 사실 허울에 불과하고 그 실체는 제후들의 국과 대부들의 가였다. 실제로 서주부터 동주에 이르는 발전의 추세를 보면 가지가 강해지고 줄기는 약해지는 과정이었다. 강력해진 제후가 지휘 범위를 벗어난 데다 나중에는 대부까지 우위를 점하게 된 상태에서 주 천하가 어떻게 더 지탱될 수 있었겠는가?

무릇 세상일은 이로움이 있으면 폐단이 있게 마련이고 아무리 좋은 계획을 세워도 반드시 뜻대로 흘러가지는 않는다. 칼로 두부를 자를 때 양면이 다 말끔히 잘리는 경우도 극히 드물다. 그런데 처음 예상과는 다르게 문제는 가신에게서 발생했다.

가신에게 무슨 문제가 있었을까?

그것은 불타는 충성심이었다.

이게 무슨 해괴한 소리일까? 충성심은 좋은 것이 아닌가? 물론 그렇다. 그러나 가신은 제후에게 충성하지 않았으며 천자에게는 더더욱 충성하지 않았다. 그들은 대부에게 충성했다. 대부는 '가군'이고 그들은 '가신'이었기 때문이다. 그래서 그들은 공개적으로 "가가 있는 것을 알 뿐, 국이 있는 것은 모른다!"라고 선포했다. 가장 우스꽝스러운 사례는 기원전 530년, 노나라 대부 계손씨의 한 가신이 궁정의 분쟁에서 국군, 즉 제후 편에 섰다가 천하의 악인으로 몰린 것이었다. 그때 그 가신의 마을 사람이 비웃으며 노래하길, "내게 채소밭이 한 뙈기 있는데 풀만 자라고 말았네. 가신의 몸으로 군주가 되려고 하다니 그 재주가 실로 놀랍도다!"[2]라고 했다.

그렇다. 본래 '가국일체家國一體'를 바랐건만 이제 와서 '가국 대립'의 상태가 돼버렸다. 이전까지 안정 유지에 사용하던 수단이 가장 불안정한 요소가 되고 말았으니 얼마나 풍자적인가?

이보다 더 풍자적인 것은 가신들의 논리다. 일찍이 주공 등은 "온 천하가 왕의 땅이고 온 천하 사람들이 왕의 신하"라고 말했다. 그런데 가신들은 "봉략封略 안은 모두 가군의 땅이고 그 땅에서 나는 것을 먹고 사는 사람은 모두 가군의 신하다封略之內, 何非君土. 食土之毛, 何非君臣"[3]라고 생각했다. 봉략은 곧 대부의 채읍이고 가군은 역시 대부다. 제후와도, 천자와도 무관하다. 이것은 그야말로 진짜 '수정주의'다.

알고 보면 그들의 마음속에 새겨진 군신관계는 단지 채읍 안에만 존재했다. 무슨 변경을 지킨다든가 왕실을 호위한다든가 하는 말은 빈말에 불과했고 심지어 전혀 쓸데없는 소리였다.

131   주공은 이런 사태를 상상이나 해봤을까?[4]

---

2 계손씨의 그 가신은 이름이 남괴南蒯였고 『좌전』 소공昭公 12년에 그에 관한 이야기가 있다.
3 『좌전』 소공 7년 참고.
4 주 천하가 파산한 과정과 결과는 『이중톈 중국사』 제5권에서 이야기될 것이다.

주공과 공자는 둘 다 변태가 아니었다.
그들은 청춘 남녀의 섹스를 위해 자유로운 공간을 남겨놓았다.
음력 3월 3일은 중국의 밸런타인데이였다.

두 가지 기본 포인트

애국이
죄인 까닭

대부를 배신한 노나라의 그 가신은 이름이 남괴南蒯였다.

그는 계손씨의 봉지인 비읍費邑의 재宰였다. 규칙에 따라 계손씨는 비읍을 남괴에게 맡기고 자신은 그리 관여하지 않았다. 그래서 남괴는 그곳에서 3년간 우두머리 노릇을 했다. 그런데 남괴가 대부 계손씨를 배반하고 노나라 국군을 지지하기로 결심했을 때, 비읍 사람들은 찬동하지 않았다. 도리어 그중 어떤 사람은 남괴를 붙잡고 말하길, "과거에 우리가 당신 명령을 들은 것은 당신이 주군에게 충성을 바쳤기 때문이오. 그런데 지금 당신은 그런 생각을 갖고 있고 우리는 그 정도로 마음이 모질지는 못하구려. 부탁인데 따로 더 좋은 자리를 찾을 수는 없겠소? 당신의 이상과 포부는 어디를 가든 실현할 수 없을 거요!"라고 했다.

따돌림을 당한 남괴는 하는 수 없이 제나라로 허둥지둥 도망쳤고 제나라는 그를 받아주었다.

어느 날, 남괴가 제 경공景公의 식사 시중을 들 때였다. 제 경공이 갑자기 술잔을 들고는 "이 반역자!"라고 말했다. 남괴는 경공의 진의를 알 수 없어 얼굴빛이 노래져서 억울해하며 변명했다.

"소신이 어찌 반역을 꾀했겠습니까? 다만 공실(제후)을 강대하게 만들려 했을 뿐입니다. 그것은 애국이었습니다!"

옆에 있던 제나라 대부가 뜻밖에도 그를 비난했다.

"일개 가신이 무슨 애국을 한단 말이냐? 네 죄가 크도다!"[1]

이상한 말이다. 애국이 죄란 말인가?

그렇지 않다. 애국은 죄가 아니다. 하지만 애국을 하려면 자격이 필요하다. 제후가 애국하는 것은 옳다. 그는 '국군'이기 때문이다. 대부가 애국하는 것도 옳다. 그는 '국인國人'이기 때문이다. 그러면 가신이 애국하는 것은? 그것보다 더 큰 죄는 없다.

가신의 애국이 어째서 죄란 말인가?

분수에 넘치는 짓이기 때문이다. 하녀 출신의 첩이 정실부인으로 행세하는 격이다.

앞에서 말한 대로 봉건은 질서였다. 봉건이 정한 군신관계와 충성의 대상에도 역시 등급이 존재했다. 구체적으로 말해보자. 위에서 아래로 보면, 천자의 신하는 제후이고 제후의 신하는 대부이며 대부의 신하는 사인(가신)이었다. 또 아래에서 위로 보면, 가신은 대부에게 충

135

---

1 『좌전』 소공 14년 참고.

성하고 대부는 제후에게 충성하며 제후는 천자에게 충성했다. 그래서 제후는 천하를 사랑할 수 있고 대부는 국을 사랑할 수 있는데 가신은 가를 사랑해야만 했다. 이것을 '예禮'라고 하고, 그래야 비로소 '충忠'이라고 했다. 등급과 예를 무시하고 애국을 하면 난신적자로 몰려 죽음을 면치 못했다. 따라서 제 경공이 남괴를 '반역자'라고 부른 것은 어쩌면 예의바른 표현에 속했다.

그러면 비읍 사람들은 어떻게 자신들의 총관인 남괴를 뛰어넘어 계손씨에게 충성할 수 있었던 것일까?

방국제도에 따라 천하에는 오직 한 등급만이, 그리고 영지에는 두 등급만이 있었기 때문이다. 분봉은 채읍까지만 이뤄지고 그 이하로는 이뤄지지 않았다. 가신은 '군주'가 아니라 대부가 파견한 대리인일 뿐이었다. 채읍의 백성도 가신의 신하가 아니라 대부의 신하, 즉 '가인家人'이었다. 그들의 도덕적 의무는 "군주에게 충성하고 가를 사랑하는 것忠君愛家"이었지 "군주에게 충성하고 국을 사랑하는 것忠君愛國"이 아니었던 것이다. 이것은 대부 계손씨의 옳고 그름과는 무관했고 남괴의 정치적 입장과는 더더욱 무관했다.

예는 질서를 따질 뿐, 옳고 그름은 상관하지 않는다.

이에 따른 대가는 엄중했다. '충군의 원칙'에 의거해, 제후가 천자에게 대항하면 대부는 당연히 따라서 대항해야 했고 대부가 제후를 배반하면 가신도 따라서 배반했다. 주나라는 이로 인해 멸망했다. **136**

하지만 어쩔 수 없는 일이었다. 옳고 그름은 보통 명확히 해명되기 어렵다. 서로 자기주장이 옳다고 맞서면 어느 한쪽의 주장을 택해 실천하기도 쉽지 않다.

명확히 해명되고 실천할 수 있는 것은 오로지 질서뿐이다.

질서는 방국제도에 관철되었다. 정전은 경제적 질서이고 종법은 사회적 질서이고 봉건은 정치적 질서였다. 여기에서 첫 번째 핵심은 차이의 구분이었으며 두 번째 핵심은 등급의 설정이었다. 정전제는 '공사公私'를 구분했다. 그래서 공전과 사전이 있었다. 종법제는 '적서嫡庶'를 구분했다. 그래서 적자와 서자가 있었다. 또한 봉건제는 '군신'을 구분했다. 그래서 인人과 민民이 있었다. 인은 귀족이고 민은 평민과 노예였다. 이것은 '계급'으로서 세 등급이었다. 천자는 귀족이고, 제후는 고급 귀족이고, 대부는 중급 귀족이고, 사인은 하급 귀족이었다. 이것은 '계층'으로서 네 등급이었다. 이밖에 공公, 후侯, 백伯, 자子, 남男은 제후의 '작위'로서 다섯 등급이었다.

이로부터 질서는 곧 등급이었음을 알 수 있다. 그것은 공사의 서열이 있고 반듯하게 구획된 정전과 흡사해서 "질서가 정연井然하다"라는 말이 나왔다. 사실상 등급이 분명한 주나라 사회는 하나의 '정전'이었고 질서정연한 주나라 제도는 하나의 '우물井'이었다. 주공과 그의 계승자들은 우공이산愚公移山의 정신으로 쉬지 않고 우물을 팠으며 끝내 바닥이 보이지 않는 깊이에 도달해 이제 우리가 뛰어내리기만 기다리고 있다.

그 우물의 이름은 '윤리치국倫理治國'이다.

거대한
그물

'윤리'란 무엇일까?

윤倫은 아주 늦게 생긴 글자다. 갑골문과 금문에서는 보이지 않는다. 이것의 본래 글자는 '侖'이 분명한데, 금문에서의 글자 모양은 울타리를 닮았다. 나중에 사람 인 방이 덧붙여져 '倫'으로 변했으며 '유추하다' '필적하다' '조리 있다' 등의 뜻이 있다.

금문의 '侖'

사실 윤은 질서와 분류다. 그리고 가장 중요한 질서와 분류는 인간 사회의 것으로서 '인륜人倫'이라 불린다. 훗날 유가의 주장에 따르면 인륜은 군신, 부자, 형제, 부부, 친구 이 다섯 가지 인간관계를 포괄하며 이것은 또 '오륜五倫'이라 불린다. 바로 이 오륜을 규정하는 이치, 법치, 의식이 곧 '윤리'다.

윤리의 핵심은 '명분'이다.

명분의 글자 그대로의 의미는 명예와 직분이다. 거칠게 말하면 한 사람의 사회적 신분과 사회적 역할 그리고 그것에 상응하는 권리, 의무, 대우를 말한다. 그중에서 지위가 특별히 높은 사람은 따로 작위와 수레와 예복 등을 가졌으니 그것을 '기器'라고 했고 명과 기를 합쳐 '명기名器'라고도 불렀다. 명도 다양했지만 기도 다양했다. 제사에 쓰이는 제기를 예로 들면 천자는 9정鼎 8궤簋, 제후는 7정 6궤, 대부는 5정 4궤, 사인은 3정 2궤를 사용했다. 모두 정은 홀수로, 궤는 짝수로 맞췄다. 그리고 제사 때 펼치는 춤에서는 천자가 팔일八佾(일佾은 무희들이 가로, 세로로 늘어서서 추던 춤으로서 가로 줄과 세로 줄의 사람 숫자가 같았으므로 팔일은 64명의 무희를 필요로 했다. 따라서 육일은 36명, 사일은 16명, 이일은 4명을 필요로 했다)을, 제후는 육일을, 대부는 사일을, 사인은 이일을 시행했다. 제사 때 입는 예복은 천자가 십이류十二旒를, 제후는 구류를, 상대부는 칠류를 하대부는 오류를 착용했다. 류는 면류관 앞에 늘어뜨리는 구슬꿰미를 뜻한다. 사인은 면류관이 없어서 당연히 류도 없었다.

명분은 대우와 격식을 결정했다.

그래서 옛날 중국인들은 명분을 대단히 중시했다. 가정의 여성들만 해도 정실부인뿐만 아니라 첩조차 엄격하게 명분을 지켜야 했다. 예를 들어 『홍루몽紅樓夢』에서 시녀 화습인花襲人은 주인공 가보옥賈寶玉이 처음 동침한 여자였지만 "절차에서 벗어났다"는 이유로 끝내 첩조차 되지 못했다.

명분은 그야말로 생명과도 같았다.

명분이 없어도 되는 사람은 없었다. 명분이 없으면 체면도 없었다. 체면은 명분의 지표이면서 사람의 얼굴이자 명예였다. 그것이 있어야 자신감을 갖고 다른 사람과 떳떳이 교류할 수 있었다. 그렇지 않으면 남 앞에서 면목이 없었다.[2]

이런 사정은 요즘의 중국인도 마찬가지여서 죽자 사자 체면을 따지는 이들을 흔히 보곤 한다.

사실 체면은 스스로 필요하기도 했지만 남에게 줄 수도 있었다. 첩에게 부인이라는 호칭을 붙여주고 말단 관리를 '나리 마님'이라고 불러주는 것 등이 그것이었다. 그러나 설령 이런 행위에 때로는 과장과 허위의 성격이 짙게 배어 있더라도 그 전제로서 관여된 사람들은 윤리를 인정하고 명분을 중시해야 했다. 또한 누구든 이 전제를 받아들이면 곧장 모든 절차가 시작되면서 자신을 컴퓨터 안의 데이터처럼 삼강오륜의 프로그램에 맡겨야 했다.

141 그것은 탄력성이 뛰어난 거미줄과도 같았다.

---

2 자세한 내용은 졸저, 『이중톈, 중국인을 말하다』 참고.

그 거미줄에서 벗어날 수 있는 사람은 거의 없었다. 출가를 하면 절에 사부가 있었고 산에 들어가면 산채에 산적 두목이 있었으며 장사를 해도 동업조합인 행회行會가 있었다. 그렇다면 강호를 떠돌면? 강호에는 문파門派가 있었다. 결코 혼자 생존할 수 없었다. 그리고 어떤 집단에 들어가려 해도 명분이 필요했고 명분을 받아들이면 오륜이 요구되었다. 이 때문에 소동파蘇東坡는 「임강선臨江仙」이라는 시에서 "이 몸이 내 것이 아님을 늘 한스러워했노라長恨此身非我有"라고 하긴 했지만 불평을 마친 뒤에는 변함없이 집으로 돌아가 잠을 청했다. "쪽배를 띄워 이곳을 벗어나, 강과 바다에서 여생을 보내리라小舟從此逝, 江海度餘生" 따위는 아예 할 수 없었으며 진지하게 생각해본 적도 없었다.[3]

이것은 실로 노자의 『도덕경道德經』에 나온 말처럼 "하늘이 친 그물은 넓고도 넓은데, 성근 듯하지만 어떤 것도 빠져나가지 못한다天網恢恢, 疏而不漏"였다. 종법의 윤리는 모든 사람을 그야말로 '일망타진'했다.

그러므로 진시황은 봉건을, 한 고조는 유가를 혐오하면서도 윤리로 나라를 다스리는 것에는 반대하지 않았다. 진시황의 정책은 '법에 따른 치국'과 '예의도덕'을 바탕으로 했지만 그것은 덕과 예를 법에 집어넣은 것에 불과했다. 따라서 그는 두 수레바퀴의 간격과 문자를 통일하게 했을 뿐만 아니라 각 지역에 '삼로三老'라는 관리를 두어 윤리적 교화를 담당하게 했다. 또한 한 고조는 즉위 후 얼마 되지 않아 아직 정국이 불안할 때, 유생 숙손통叔孫通을 불러 예의를 다시 제정

---

3 이 점에 관해서는 리쩌허우 선생이 『미의 역정美的歷程』에서 대단히 뛰어난 분석을 시도했다.

하게 했다. 그 후로 삼강오륜을 핵심으로 하는 예악제도는 방국이 제국으로 변한 뒤에도 폐지되지 않고 청나라까지 이어졌다.

그것은 결코 우연이 아니었다.

누가
이득을 보았나

유가를 싫어했던 유방劉邦은 나중에 예치禮治의 단맛을 톡톡히 보았다.

그때는 전한 왕조의 건국 초기였다. 대란은 평정되었지만 천하는 아직 안정을 찾지 못했다. 서주 초기의 국면과 비슷했다. 다만 무왕을 따라 주왕을 정벌했던 이들은 강태공, 주공 단, 소공 석 같은 희성과 강성의 귀족들과 다른 방국의 우두머리들이었다. 그들은 상나라인의 눈에는 야만족이었지만 사실 문화적 수준이 낮지 않았고 한 명한 명이 다 걸출한 인물이었다.

유방의 무리는 차이가 많이 났다. 장량張良이 귀족이고 한신韓信이 몰락 귀족이었던 것을 빼고는 진평陳平은 유랑민이었고, 소하蕭何는 말단 관리였고, 번쾌樊噲는 개백정이었고, 관영灌嬰은 포목상이었고, 누경婁敬은 수레꾼이었고, 팽월彭越은 강도였고, 주발周勃은 악공이었고, 유방 자신은 불량배였으니 기본적으로 오합지졸이나 다름없었다. **144**

하물며 당시는 예악이 붕괴한 지 이미 수백 년이 지난 때였다. 주무왕처럼 엄격한 예악제도에 따라 성대하게 개국의 제전을 여는 것은 그들에게는 불가능한 일이었다. 왕궁인 미앙궁未央宮을 지은 뒤, 유방은 신하들을 불러 연회를 베풀고서 술기운을 빌려 자기 아버지인 태상황太上皇 유태공劉太公에게 이렇게 말했다.

"옛날에 아버지는 제가 둘째 형보다 재주가 모자라서 생업을 못 꾸려갈 것이라고 욕하셨죠. 지금 한번 보십시오. 둘째 형이 이룬 게 많습니까, 제가 많습니까?"

이 말에 신하들은 일제히 웃고 소리를 질렀다. 체통이라고는 전혀 찾아볼 수 없었다.

숙손통 등은 당연히 그냥 보고 넘어갈 수가 없었다. 한나라 조정을 산적들의 소굴 모양으로 내버려둘 수는 없는 노릇이었다. 그래서 온갖 수단을 동원해 유방을 설득함으로써 결국 예의를 제정하고 문무백관부터 공신들에 이르기까지 그것을 배워야 한다는 결정을 이끌어냈다. 이때부터 어전에서 연회를 열면 누구든 엄숙한 태도로 규범에 따라 말하고 행동해야 했다. 이에 유방은 기쁨을 감추지 못하고 의미심장한 말을 남겼다.

"나는 오늘에서야 황제 노릇이 실로 해볼 만하다는 것을 알았다."

당연히 해볼 만했다. 윤리, 도덕, 예의는 본래 군주들의 안정된 통치를 위해 마련된 것이기 때문이었다. 진·한 시대 이후, 역대 왕조들이 모두 윤리치국과 예악제도를 고수한 이유가 바로 여기에 있었다.

실제로 이른바 '오륜'에서 가장 중요한 것은 군신이다. 친구를 제외하면 부자, 형제, 부부도 군신관계로 간주될 수 있다. 아버지는 '가군家君'이고 남편은 '부군夫君'이며 형도 아버지처럼 '군君'에 속한다. 그 반대도 마찬가지다. 군신은 부자와 같고 동료는 형제와 같으며 각기 정正, 부副의 직책을 맡은 두 사람은 부부와 같다. 정치 윤리가 가족 윤리의 '국가화'를 결정지은 것이다.

그러면 가족 윤리에서 가장 중요한 것은 무엇일까?

화목이다. 다시 말해 '가화만사성家和萬事成'이다.

어떻게 해야 화목할 수 있을까?

명분을 따지고, 호칭을 중시하고, 규범을 지키고, 효심을 다해야 한다. 예를 들어 부모에게 말할 때는 스스로 '소자'라고 해야 하고 만약 아버지가 군왕이면 스스로 '아신兒臣'이라고 해야 한다. 형에게 말할 때는 스스로 '소제'라고 해야 하고 만약 형이 군왕이면 스스로 '신제臣弟'라고 해야 한다. 남편에게 말할 때는 스스로 '첩'이라고 해야 하고 만약 남편이 군왕이면 스스로 '신첩臣妾'이라고 해야 한다. 그리고 부모에게는 사전에 지시를 청하고 사후에 결과를 말씀드려야 하며 부모의 연세를 늘 염두에 두고서 한편으로는 기뻐하고 한편으로는 두려워해야 한다. 여기에서 기쁨의 대상은 그들의 건강과 장수이며 두려움의 대상은 그들의 노쇠함이다.[4] 그다음으로 부모가 죽었을 때는 삼

146

4 『논어』 「이인里仁」 참고.

년상을 치러야 한다. 만약 부모가 천자나 제후이면 그들이 죽기 전에 '장례위원회'를 조직해 관을 잘 준비하고 수의로 갈아입힌 뒤, 그들 옆에서 임종을 지켜본다. 이것은 중국에서 가장 이른 형태의 '임종의 배려'였지만 오직 천자와 제후만 누릴 수 있었다.

이 모든 것은 단 한 글자, '효'로 귀결지을 수 있다.

효가 국가 차원에서 발현되면 그것은 '충'이었다. 충은 인간의 천성이 아니므로 훈육이 필요했고 그 훈육의 본거지는 곧 가정이었다. 사실 어떤 사람이 부모에게 효도하면 군주를 배반할 리 없었고 형제와 우애가 있으면 동료를 업신여길 리 없었다. 충신은 효자 가문에서 나온다는 말은 결코 일리가 없지 않았다.

따라서 『주자가훈朱子家訓』의 "군주는 인자하며 신하는 충성스럽고, 부모는 자애로우며 자식은 효성스럽고, 형은 우애로우며 동생은 공경하고, 남편은 온화하고 아내는 부드러워야 한다君仁臣忠, 父慈子孝, 兄友弟恭, 夫和婦柔"는 내용에서 가정의 윤리가 세 가지나 되는 것은 지극히 자연스럽다. 자기 자녀도 사랑하지 않는 군주가 어떻게 인자하겠는가? 또한 자기 부모에게도 효도하지 않는 자식이 어떻게 충성스럽겠는가? 부자父子가 부자다워야 비로소 군신이 군신다운 법이다. 비록 이득을 보는 쪽은 역시 부모와 군주이긴 하지만.

이것이 바로 "천하는 한집안이고 가정과 나라는 하나다天下爲家, 家國一體"라는 말의 진정한 의미다.

천하제일의
악단

이제 우리는 남괴가 왜 환영받지 못하는 존재가 되었는지 더 명확히 알게 되었다.

그 이유는 사실 매우 간단하다. 국國의 윤리가 가家의 윤리에 있었고 작은 것에서 큰 것을 볼 수 있었기 때문이다. 예를 들어 누가 부모를 학대하면서 조국에 충성하겠다고 선언하면 믿을 수 있겠는가? 마찬가지로 남괴가 가군(대부)을 배반하고 국군(제후)에 충성한다고 했으니 누가 믿었겠는가? 더욱이 그는 대부 계손씨의 신하일 뿐이었으며 대부 계손씨야말로 국군의 신하였다. 노나라 국군의 일은 당연히 계손씨의 소관 사항이었다. 남괴는 참람한 짓을 저지른 것이다. 그것은 결코 '충성'이 아니었다!

남괴는 그것을 잘 몰랐지만 위강魏絳은 잘 알고 있었다.

위강은 춘추시대 진晉 도공悼公의 대부였다. 뛰어난 공을 세웠기 때문에 도공은 정鄭나라에서 바친 악단의 절반을 상으로 내렸다. 하지만 그는 감당하지 못하겠다면서 이렇게 말했다.

"악무는 미덕을 공고하게 하므로 방국들을 진정시키고 함께 복을 누리면서 먼 곳의 백성까지 회유할 수 있습니다. 이것이 바로 '악樂'입니다."

이해가 안 된다. 어째서 악이 "방국들을 진정시키고 함께 번영을 누리면서 먼 곳의 백성까지 회유할 수 있다"고 했을까?

왜냐하면 악은 예술화된 예이고 예는 윤리화된 악이기 때문이었다.

주나라인의 악은, 나아가 고대 중국인의 악은 단지 음악이 아니었다. 정확히 말해, 시와 음악과 춤의 '삼위일체'였고 '악무'라 불렸다. 그래서 진 도공이 위강에게 하사하려 했던 '악'은 한 세트의 편종과, 여덟 명으로 이뤄진 가무단이었다.

그러나 악무를 악이라고 한 것은 음악이 가장 중요했기 때문이다. 음악에서 가장 중요한 것은 무엇일까? 리듬과 운율이다. 윤리에서 가장 중요한 것은 무엇일까? 질서와 조화다. 질서는 예의 리듬이고 조화는 예의 운율이었다. 그래서 예치사회는 음악작품 같고 그 구성원은 음악 같아야 했다. 음악의 음들은 높이와 길이와 강세와 색깔이 서로 다르다. 사회 구성원들도 마찬가지여서 서로 차이가 있어야 한다. 차이가 있어야 다양성이 있고 다양성이 통일되어야 조화롭다.

149 예는 차이를 구분해주었다.

여기에서 의문이 제기된다. 예는 어떻게 차이를 구분했을까?

복잡하게 말하면 한없이 복잡하고 간단하게 말하면 간단하기 그지 없다. 한마디로 "안과 밖을 구별하고, 친함과 소원함을 정하고, 어른 과 아이를 차례 매기고, 귀함과 천함을 밝히는別內外, 定親疏, 序長幼, 明 貴賤" 것에서 벗어나지 않았다. 중국 민족과 오랑캐의 구분이 '안과 밖 을 구별하는 것'이었고 육친과 인척의 구분이 '친함과 소원함을 정하 는 것'이었으며 나이 많은 사람과 적은 사람의 구분이 '어른과 아이를 차례 매기는 것'이었다. 그리고 적자와 서자의 구분이 '귀함과 천함을 밝히는 것'이었다. 이것은 심지어 일련의 '제도'로 표현되기까지 했다. 예를 들어 평민은 모자를 쓸 수 없고 두건만 허용되었으며 귀족 중에 서도 사인은 보통의 관冠만 있고 면冕, 즉 면류관은 없었다. 면과 관 을 다 당당히 쓸 수 있는 사람은 천자와 제후와 대부였다.

확실히, 여기에서 가장 중요한 것은 귀함과 천함이었다. 이것은 '음 의 높이'였다. 다음은 친함과 소원함이었으며 이것은 '음의 길이'였다. 그다음인 나이의 많고 적음은 '음의 강세'였다. 그리고 안과 밖은 '음 의 색깔'에 해당될 텐데 중국 민족은 '황종의 울림黃鍾之鳴'(황종은 청동제 종으로서 고대 12음률의 첫째 음인 양률陽律을 담당했음)이고 오랑캐인 만이융 적蠻夷戎狄은 '와부의 소리瓦釜之愭'(와부는 질그릇을 말함)에 해당되었다. 굴 원屈原의 『초사楚辭』 「복거卜居」에 나오는 것처럼 만약 "황종이 버려지고 와부가 요란한 소리를 내면黃鍾毀棄, 瓦釜雷鳴" 그것은 방국이 망하는 것 150

을 넘어 천하가 망하는 것을 뜻했다.

그러나 주나라인이 보기에 그들의 천하는 음악과 비슷해서 망할 리가 없었다. 천자와 제후는 '고음'이고 대부와 사인은 '중간음'이며 평민과 노예는 '저음'이었다. 또한 공연 조직과도 유사해서 민족과 국족은 악단, 씨족과 종족은 악대였으며 천자, 제후, 대부, 사인은 지휘자였다.

그것은 천하제일의 악단으로서 가장 장엄한 교향악과 가장 매력적인 소나타를 연주했다. 테마는 역시 '조화和'였다고 한다.

그렇다. 예는 다른 것을 구분하고 악은 같은 것을 통합했다. 예는 사람들이 질서를 지키게 했으며 악은 사람들이 체험하고 조화를 이루게 했다.

그래서 귀족들은 부귀한 생활을 누리면서 늘 옥으로 만든 장신구를 달고 다녔다. 옥은 군자의 상징물이었다. 고귀하고, 온화하고, 요란하지 않고, 우아하면서도 소박하기 때문이었다. 더구나 옥 장신구는 몸에 달고 다니면 맑은 소리를 냈다. 그럼으로써 일거수일투족이 다 예의에 맞고 절도가 있어야 한다는 것을 주인에게 상기시켰다. 절도가 있으면 절제가 있고 또한 기세가 비범해진다.

음악을 배우고 악무를 감상하는 것은 귀족의 필수과목이었다. 조건만 되면 모든 백성에게 널리 보급해야 하는 것이기도 했다. 공자의 **151** 제자인 자유子游가 다스리던 무성현武城縣에서는 가는 곳마다 거문고 소리와 노래 소리가 울려 퍼졌다. 주나라인은 조정에도, 마을에도, 집 안에도 음악이 있어야 군신과 종족과 부자가 서로 화목하다고 생각했다. 이 때문에 공자는 수업을 할 때 제자에게 비파를 타게 한 것이다.

이것이 바로 '예악을 통한 교화'였다. 그런데 이것은 '덕으로 나라를 다스리는 것'과 또 어떤 관계가 있었을까?

'현장 조사'를 한번 해보기로 하자.

권리와
의무

먼저 '향음주례鄕飮酒禮'에 관해 알아보자.

이른바 '향음주례'는 본래 술자리 형식의 '전국인민정치협상회의'(오늘날 중국 공산당이 정책 결정에 앞서 각계각층의 의견을 수렴하는 정치협상 기구. 전국위원회와 상무위원회로 나뉘며 전국위원회 위원이 2000여 명에 달한다)였다. 초청을 받아 참가하는 사람은 기본적으로 '원로'들이었고 논의 내용도 군사전략의 결정 같은, 군사와 국정의 중대 사안이었다. 따라서 이것은 부락시대 민주주의의 유풍이었을 가능성이 크며 고대 그리스와 로마의 '원로원'에 해당되었다. 다만 표결권은 주어지지 않았다. 그러나 훗날에는 자문의 기능도 사라지고 그저 정기적, 비정기적으로 명망 있는 인사들을 초대해 먹고, 마시고, 공연을 구경하는 유력자 클럽으로 변질되었다.

153 그러면 이 '예'는 어떻게 서주부터 청나라 도광道光 시대(1821~1850)

까지 계속되었을까?[5]

그만한 의의가 있었기 때문이다.

그 의의는 "어른을 존중하고 노인을 봉양하며 어진 이를 공경하는 尊長, 養老, 敬賢"데에 있었다. 규정에 따르면, 향음주례에 참석한 각계 인사는 60세 이상이면 앉고 50세 이하는 서 있어야 했다. 안주도 차등을 두어서 나이가 많을수록 양이 많았다. 이것은 사회 전체를 향해 어른을 존중하고 노인을 봉양하며 어진 이를 공경하라고 본보기를 제시하는 것과 같았다. 이런 이유로 술자리에서는 나이에 따라 서열을 매기고 음악을 연주해야 했다.

실제로 주나라인의 덕은 "존경해야 할 사람을 존경하고尊尊" "사랑해야 할 사람을 사랑하는親親" 것일 뿐이었다. 사람들이 서로 존경하고 사랑하면 사회는 화목하고 태평하게 마련이다. 따라서 훗날의 향음주례가 실질적인 내용 없이도 계속되었던 것은 그 자체가 덕이었기 때문이다.

확실히 예가 있으면 반드시 덕이 있고 덕이 있으면 반드시 예가 있었다. 반대로 예를 잃으면 덕이 모자라고 예가 아니면 덕이 없었다. 덕은 목적이고 예는 수단이었다. 그리고 덕은 마음의 수양이며 예는 행동의 규범이었다. 이 때문에 권리와 의무로 표현되기도 했다.

'관례冠禮'를 예로 들어보자.

일명 '혼관례婚冠禮'라고도 하는 관례는 사실 귀족 자녀의 '성인식'이   154

---

5 향음주례는 청나라 도광 23년에 경비 문제로 폐지되었다.

었다. 서주의 제도에 따르면, 아이가 태어나 100일이 되면 아버지가 이름을 지어주는데, 이것은 그 아이가 정식으로 생명을 얻어 가족의 성원이 되었음을 뜻했다. 만약 남자아이면 여섯 살에 집에서 공부를 시작하는 것을 '가학家學'이라 했고 열 살에 기숙학교에 들어가는 것은 '소학小學'이었다. 열다섯 살에는 '벽옹辟雍'에 들어가는데 이것이 바로 '대학大學'이었다. 스무 살에 대학을 마치면 관례를 치르고 정식으로 성인이 되었다.

관례는 남녀 모두 치러야 했지만 여자는 열다섯 살에, 남자는 스무 살에 치렀다. 이때는 두 가지 의식이 진행되었다. 첫째로는 '속발束髮'이라 하여 머리를 정수리 위에 둘둘 감아 묶었다. 그런 다음, 여자가 비녀를 꽂는 것은 '계笄'라고 했고 남자가 모자를 쓰는 것은 '관冠'이라고 했다. 이어서 둘째로, 귀한 손님에게 그들을 위해 '자字'를 지어달라고 청했다. 이름은 비칭卑稱이고 자는 존칭이었다. 이름은 후배, 제자, 자녀 그리고 자신을 부를 때 썼고 후자는 동년배와 동년배 이상의 사람을 부를 때 썼다. 자가 생기면 사교관계를 가질 수 있어서 당연히 성인이 되었음을 뜻했다.

남자가 크면 장가를 가고 여자도 크면 시집을 가야 하므로 관례는 동시에 약혼식이기도 했다. 만약 여자에게 아직 마땅한 결혼 상대가 없으면 잠시 약혼을 하지 않고 자도 짓지 않았다.

하지만 관례에서 가장 의미가 큰 의식은 '가관加冠'이었다.

가관은 모두 세 번 관을 쓰는 것이었다. 첫 번째 쓰는 '치관緇冠'은 정치활동에 참여할 때 쓰는 것이고 두 번째 쓰는 '피변皮弁'은 사냥과 전투의 복장에 속했으므로 동시에 검을 차야 했다. 세 번째 쓰는 '작변爵弁'은 제사에 참여할 때 쓰는 것이었다.

요컨대 치관은 참정권을, 피변은 종군권을, 작변은 제사권을 갖는 것을 의미했다. 이처럼 권리가 생기면 의무가 생겼다. 하물며 당시 "나라의 큰일은 오직 제사와 군사國之大事, 唯祀與戎"였다. 이렇게 세 번 관을 쓰고 나서 비로소 성년이 된 청년은 국군國君이나 원로에게 인사를 올려야 했고 의식을 주재한 귀빈은 훈화를 했다. 이것은 가장 중요한 도덕 교육이었다.

확실히 속발과 가관은 유태인의 '할례'처럼 사회의 규범과 구속을 의미했다. 그리고 이 두 가지 예의는 모두 평생 잊기 힘든 방식으로 젊은이들에게 무엇이 진정한 인간이고 어떻게 해야 진정한 인간이 될 수 있는지 알려주었다.

이와 동시에 중국 민족도 성년이 되었다.

그러면 이제 빛나는 청춘을 구가할 수 있게 된 것일까?

당연히 그렇다.

중국의
밸런타인데이

각기 계례笄禮와 관례를 받은 아가씨와 청년은 성대한 명절에 참여할 권리가 있었다. 그 명절은 봄이 한창인 3월 3일의 '상사절上巳節'이었다. 『주례周禮』의 규정에 따르면, 그날에는 성년이 된 남녀 누구나 교외의 들판에 나가 마음껏 섹스의 자유를 누릴 수 있었다.

그날은 중국의 '밸런타인데이'였다.

사실 이런 명절은 세계 어느 민족에게나 있었다. 고대 로마의 '사티로스 축제'가 그 예이며 시점은 동지였다. 상나라도 검은 새玄鳥, 즉 제비가 돌아올 때 그런 명절을 즐겼다. 주나라인은 전통을 이어받았을 뿐이다.

그날에는 실로 모든 백성이 즐거움을 만끽했다. 복사꽃 피는 3월, 강물은 파랗고 온갖 꽃이 만발했다. 그때 설레는 마음을 안고서 청춘 남녀들은 난초를 손에 들고 강변으로 몰려들어 사랑의 축제를 열었다. 혹시 마음에 드는 사람을 만나면 여자가 먼저 말을 걸기도 했다. 『시경』「정풍鄭風·진유溱洧」에서는 이렇게 묘사하고 있다.

> 진수溱水와 유수洧水에
>
> 봄 물결 넘실거리는데
>
> 아가씨와 젊은이들
>
> 손에 난초를 들고 있네
>
> 아가씨가 묻네, 가서 볼래요?
>
> 젊은이가 답하네, 방금 다 보았어요
>
> 아가씨가 말하네, 또 봐도 되지요!
>
> 그곳은 넓고 재미나요
>
> 그래서 웃고 떠들며 나아가네
>
> 서로 작약꽃을 주고받으며[6]

이것은 한 편의 노골적인 연애시다.

참으로 이상한 일이다. 주나라는 예의의 나라로서 남녀의 구별이 엄격하고 반드시 부모가 정해주는 배필과 결혼해야 하지 않았었나? 어떻게 이런 일이 있었을까?

사실은 아주 자연스러운 일이었다.

서주부터 한·당까지는 종법과 예교 외에도 여전히 섹스의 자유가   158

---

[6] 『시경』「정풍·진유」: "진수와 유수에, 봄물이 넘실거리는데, 남자와 여자가, 난초를 들고 있네. 여자가 구경 가자고 하자, 남자는 벌써 보았다 하네. 여자는 또 가자고 하네. 유수 저편은 참으로 넓고 즐겁다면서, 남자와 여자는 서로 웃으며, 작약꽃을 꺾어주네溱與洧, 方渙渙兮, 士與女, 方秉蕑兮. 女曰'觀乎'? 士曰'旣且. '且往觀乎!' 洧之外, 洵訏且樂. 維士與女, 伊其相謔, 贈之以勺藥."

있었다. 그래서 유가적 도를 옹호하던 이들은 '더럽고 부패한 한나라와 당나라'라고 욕을 하곤 했다. 무슨 "굶어 죽는 것은 작은 일이요, 예절을 잃는 것은 큰일이다"라는 것은 송나라 유학자들이 저지른 죄악이었던 것이다. 그 결과 상나라의 호방함과 활기도, 주나라의 천진난만함도, 춘추시대의 고상함과 우아함도, 전국시대의 넘치는 혈기도, 한나라의 개척정신과 당나라의 개방성도 모두 사라졌다. 게다가 사인들은 문인으로 타락해 '집단적 발기부전증'에 빠짐으로써 황제 앞에서는 머리를 조아리다가 집에 가서는 아내를 때리는 짓만 반복하게 되었다.

실로 이보다 더한 죄악은 없었다!

다행히 지금은 아직 주나라 시대다. 나중에 공자가 『시경』을 정리하면서 앞의 시와 같은 '음란한 시들'을 삭제하지 않은 덕에 우리는 당시의 풍경을 살펴볼 수 있게 되었다. 이에 대해서는 공자 어르신께 감사드리지 않을 수 없다.

사실 윤리도덕은 궁극적으로 인간을 위한 것이다. 이것은 반드시 인성과 인간의 갖가지 욕망을 존중해야 한다. 그런데 반대로 인성에 어긋난다면 가짜 선, 가짜 도덕일 수밖에 없으며 가짜 도덕에 의지해 유지되는 안정도 영원히 피상적인 것일 수밖에 없다.

이런 이치를 주공과 공자는 다 알고 있었다.

159　　그들은 어리석지 않았고 변태도 아니었다.

주공이 예악을 만들고 공자가 "자신의 욕심을 버리고 예의와 법도를 따르는 마음으로 돌아가자克己復禮"고 주장한 것은 주나라 정권을 지키고 봉건질서를 유지하기 위해서였다. 그러나 그들은 적어도 알고 있었다. 심리적 안정이야말로 가장 이상적인 안정이라는 것을. 이를 위해서는 덕치와 예치를 포함하는 '윤리치국'이 필요했으며 예교와 악교樂敎를 포함하는 '예악교화'도 필요했다. 예와 악은 덕으로 나라를 다스리기 위한 두 가지 기본 포인트였다.

그러나 '심리적 안정'을 위해서는 사람들의 마음속으로 깊이 파고들어야 한다. 그래서 제한을 가하는 것과 별도로 운신의 폭도 마련해줘야 하는데, 이런 취지에서 봉건제가 군권과 민권을 함께 고려한 것처럼 사회적 규범과 개인의 자유를 두루 살펴야 한다. 이것은 유태인의 할례가 약간의 포경만 잘라내고 전체를 절단하지 않은 것과 흡사하다. 환관을 만드는 것처럼 무참히 쳐내면 훨씬 더 평안해지겠지만 그런 안정이 무슨 의의가 있겠는가?

나라를 다스리는 데에는 지혜 이상으로 인성에 대한 이해가 필요하다.

중국 민족은 이미 '성년식'을 다 마쳤고 '밸런타인데이'도 치렀다. 이제 그 시비와 득실을 가늠하고 문화적 계통을 밝혀보자.

제6장

근본의 소재

블랙리스트

스핑크스의 수수께끼

문화적 핵심

신이 없는 세계

공수표를 마다하다

정리

블랙리스트

주나라인이 정전제와 봉건제 그리고 종법제와 예악제도를 창조했을 때, 세계의 수많은 민족은 아직 잠에서 덜 깬 상태였다. 남아시아는, 드라비다인이 창조한 하라파 문명이 멸망한 뒤로 수백 년간 공백이 이어지고 있었으며 미래 문명의 주역인 아리아인은 아직 암중모색 중이었다. 서아시아는, 바빌로니아가 내란에 휩싸인 상태에서 유태인이 막 히브리 왕국을 세웠다. 남부 유럽에서는 그리스인이 트로이 전쟁을 마치고 여전히 전설의 시대에 머무르고 있었다. 태평양 건너편의 중남미 대륙에서는 올메카 문명이 그들의 거인 석상처럼 머리만 있고 몸은 없는 형편이었다. 그리고 지금의 유럽 연맹에 속하는 대다수 지역에는 아예 인적이 없거나 야만인만 존재했다. 북아메리카와 오세아니아는 기본적으로 불모의 땅이었다.

그나마 비교 가능한 곳은 이집트와 아시리아다. **162**

이집트는 가장 일찍 통일을 이뤘다. 서주의 국가연맹 수립보다는 2000년, 진·한의 중앙집권제 국가 수립보다는 2800여 년이나 일렀다. 기원전 3100년, 나르메르는 상, 하 이집트를 합쳐 제1왕조를 건립했다. 이것은 주나라의 상나라 복속과는 달랐다. 작은 물고기가 큰 물고기를 삼킨 격이었던 주나라와는 달리 나르메르는 두 마리의 물고기를 하나로 합쳤다. 그러나 양쪽이 맞닥뜨린 문제는 동일했다. 어떻게 민심을 안정시키고 정권을 공고히 하느냐는 것이었다.

나르메르가 택한 방법은 두 번에 걸친 대관식이었다. 본래 상이집트의 국왕이었던 그는 흰색 왕관을 쓰고 매를 보호신으로 삼았으며 국가의 상징은 백합이었다. 한편, 하이집트의 국왕은 붉은색 왕관을 쓰고 뱀을 보호신으로 삼았으며 국가의 상징은 꿀벌이었다. 그래서 나르메르는 상, 하 이집트에서 각각 대관식을 한 뒤, 두 개의 왕관을 장소에 따라 번갈아가며 써서 자기가 상이집트의 군주인 동시에 하이집트의 군주임을 표시했다. 그러나 보호신은 역시 성스러운 매, 호루스였다.

그것은 물론 똑똑한 방법이었지만 무왕과 주공이 더 지혜로웠다. 그들은 자신들만 관을 쓴 게 아니라 제후들에게도 관을 씌워주었고, 또한 제후들에게 분봉이라는 방법으로 대부들에게 관을 씌워줄 권리도 하사했다. 그 결과 사방팔방, 아래위로 모두가 빛나고 흡족해했다. 이것과 비교하면 나르메르는 자기만 왕관을 썼으므로 좀 더 많은

163

이들의 마음을 사로잡기에는 부족했다.

더구나 자기가 자기를 높이고 영예롭게 하는 일은 누군들 못 하겠는가? 나르메르의 왕관은 결국 리비아인과 에티오피아인의 수중에 들어갔다.

다음에는 아시리아를 살펴보자.

아시리아도 한때 티그리스 강과 유프라테스 강 유역을 제패한 '천하의 왕'이었다. '천하의 왕'은 고古아시리아의 국왕, 샴시 아다드 1세가 자기 자신에게 붙인 칭호다. 이 국왕의 치세에 중국에서는 상나라의 탕이 하나라의 걸을 멸했고 이집트에서는 중왕국이 힉소스인에게 멸망당했다. 그러나 '천하의 왕' 고아시리아는 얼마 가지 못했고 더 강력한 존재로 부각된 것은 고바빌로니아였다.

그런데 중국의 전국시대와 동일한 시기에 아시리아는 갑자기 전에 없이 더 강대해졌다. 소아시아 동부, 시리아, 페니키아, 이스라엘, 바빌로니아를 차례로 정복하고 나중에는 아라비아 반도에 침입하는 한편, 이집트, 엘람까지 정복하여 당시 무적의 제국을 형성했다. 이 제국은 서아시아에서 북아프리카까지 걸쳐 있어 메소포타미아와 이집트라는 양대 문명을 자신의 통치 아래에 두었다.

한 국가가 그렇게 많은 민족과 광대한 영토를 소유한 것은 세계 역사상 처음 있는 일이었다.

이때 아시리아가 직면한 도전은 주나라에 버금갔다.

하지만 그들이 택한 방법은 오직 하나, 살인이었다. 당시 아시리아 국왕의 잔혹함은 놀라울 정도였다. 점령한 도시의 주민을 학살하고 포로를 학대한 기록이 역사서에 가득하다. 아시리아의 비문을 보면 온통 "나는 풀을 베듯 그들의 목을 잘랐다" "나는 걸상을 밟듯이 바빌로니아 왕의 목을 밟았다" "감히 반란을 일으킨 자의 가죽을 벗겨서 죽은 자들의 시체 더미 위에 펼쳐놓았다" "그들의 시체로 도시의 길을 메웠다" 같은 문구뿐이다. 심지어 그들은 바빌론 성을 태우고 그 재를 기념품으로 가져와 신전에 바치기도 했다.

그 결과는 어땠을까? 그들의 문명은 그들의 제국과 함께 멸망했고 다시는 부활하지 못했다.

역사의 진행 과정은 잔혹하다. '멸망의 블랙리스트'에 오른 문명은 고대 이집트, 바빌로니아, 하라파, 크레타, 올메카, 히타이트, 페르시아, 마야 등 20~30군데나 된다.

중국 문명은 면면히 이어졌고 그리스·로마 문명은 기사회생했다. 그리스 폴리스와 로마 제국은 거듭나지는 않았지만 "사람은 죽고 정치제도는 살아남아" 서양 문명으로 발전했다. 이와 동시에 이슬람 문명이 후발주자로 등장해 세계를 석권했다. 장차 세계의 주역은 서양 문명과 이슬람 문명과 중국 문명이 될 것이 확실시되었다.

어째서 그럴까?

165 이것은 '스핑크스의 수수께끼'다.

스핑크스의
수수께끼

스핑크스는 그리스인들이 사자의 몸에 인간의 얼굴을 가진 조각에 붙여준 이름이다. 그런데 고대 그리스의 스핑크스는 한 쌍의 날개를 지녔다. 석회석 머리를 가진 고대 이집트의 저 스핑크스 조각에 비해 훨씬 날렵하고 수려해서 나중에는 시공을 초월해 아테네에서 필라델피아로 날아가 민주주의를 전할 수 있었다.

낙소스의 스핑크스.
기원전 560년에 제작되었고
재질은 대리석이며 높이는 2.25미터.

날개는 중요하다.

날개가 없으면 날아갈 수 없다. 하지만 어떻게 날아가는지는 무슨 날개를 가졌는가에 달렸다. 이슬람 문명은 이때 아직 탄생하지 않았으므로 여기서는 그리스와 중국만 살펴보기로 하자.[1]

중국의 날개는 우환憂患의 심리와 낙관적인 태도였다.

확실히 재난에 대한 근심, 즉 우환은 중국 문화의 바탕색이었다. 『시경』「소아·소민小旻」의 "두려워하고 조심하여, 깊은 연못 앞에 있는 듯하고, 얇은 얼음을 밟고 있는 듯하네戰戰兢兢, 如臨深淵, 如履薄氷"부터 맹자의 "삶은 근심 속에 있고 죽음은 안락 속에 있다生於憂患, 死於安樂"까지, 그리고 또 '의용군 행진곡'을 국가로 삼은 것에 이르기까지 우환의 심리는 거의 모든 중국사를 관통하는 것이었다.

역사의 경험이 증명해주듯, 어떤 정권도 환란을 걱정하면 생존했고 안락에 빠지면 멸망했다. 개인도 마찬가지였다. 그래서 사대부들이 "세상 사람들이 근심하기에 앞서서 근심한다先天下之憂而憂"(범중엄范仲淹)고 했을 뿐만 아니라 시인들도 마땅히 "시를 쓸 때는 억지로 근심스럽다고 해야爲賦新詞強說愁"(신기질辛棄疾) 했다. 왜냐하면 "마음에서 우러나오는 근심을 끊어버릴 수 없었憂從中來, 不可斷絕"(조조曹操)기 때문이다. 심지어 기생과 하녀, 장사치와 심부름꾼조차 "천하의 흥망은 보통 사람에게도 책임이 있다天下興亡, 匹夫有責"는 것을 이해하여 나라와 백성을 근심했다.

167

---

1 덩샤오망·이중톈의 『황색과 남색의 교향』참고.

하지만 중국 민족은 낙관적이기도 했다. 그들은, "하늘은 사람의 소망을 이뤄준다天遂人願"고 믿었고 "선악에는 응보가 뒤따른다善惡有報"고 믿었으며 "모든 일은 사람이 하는 바에 달렸다事在人爲"는 것도 믿었다. 그래서 그들은 "즐거움을 고치지 않고不改其樂" "스스로 즐거움을 얻었으며自得其樂" 결국 "그 안에서 즐거워했다樂在其中."

근심과 즐거움이 있어서 예와 악이 있었다. 예는 '이理'여서 윤리와 질서를 강조하여 근심을 구현했다. 그리고 악은 '악樂'이어서 즐거움과 조화를 강조해 낙관주의를 형성했다. 예와 악도 한 쌍의 날개였다.

그러면 그리스는?

그리스의 날개는 과학의 정신과 예술적 기질이었다.

로마인이 법률에 매료된 것처럼 그리스인은 과학에 도취했다. 그리스인의 과학은 실용주의적이지는 않았다. 그들은 "사유를 위해 사유하고 과학을 위해 과학을 했다." 그래서 그들은 이집트인이 토지 측량과 피라미드 건축에 사용한 기술은 기하학으로, 바빌로니아의 점성술은 천문학으로 바꿀 수 있었다. 과학이라는 이 한쪽 날개 덕분에 그리스 문명은 자신의 부모 격인 이집트와 메소포타미아를 뛰어넘었다.

이와 동시에 그리스인은 예술적 기질도 갖췄다. 『정치경제학 비판 요강』에서 마르크스가 말한 것처럼 인류 역사의 유년기에 여느 민족들과 달리 그들은 '정상적인 아이'였으므로 "예술을 위해 예술을 하고 **168**

아름다움을 위해 아름다움을 살필 수 있었다." 이런 순수함으로 인해 그들은 성적 방종에 빠져도 전혀 죄책감을 느끼지 않았으며 당연히 점잖은 척 위선을 부리지도 않았다. 그리고 누가 어떤 면에서 뛰어난 모습을 보이면 그가 누구든 갈채를 받았다. 갈채를 보내는 사람들 중에는 친구도, 적도 끼여 있었다.

위의 내용을 보면 과학과 예술은 그리스인에게 대립적이면서도 통일된 것이었음을 알 수 있다. 이 두 가지는 단순함과 자연스러움과 솔직함으로 통일되었다. 사실 그리스 예술도 본래 이성적인 정신과 감성적인 정신의 통일체였다. 니체는 그것들을 각기 '디오니소스적 정신'과 '아폴론적 정신'이라고 불렀다. 전자는 음악에서, 후자는 조형예술, 특히 조각에서 구현되었다.

그리스 정신은 상호 보완적이었다.

마찬가지로 우환의 심리와 낙관적 태도 역시 '상보 구조'였다. 우환은 바탕색이고 낙관은 겉모습이었다. 마치 그리스 예술의 기질 뒤에 과학의 정신이 있었던 것처럼. 그것들은 대립물의 통일이면서 서로를 보완하며 함께 중국 민족의 정신적 스타일을 빚어냈다.

아마도 이것이 비밀의 소재일 것이다. 반면 멸망한 문명들은 한 쌍의 날개가 아니라 외다리로 위태롭게 역사의 길을 걸었다.

그러나 그리스와 중국은 서로 취향이 판이했다.

요컨대 그리스 문명은 외향적이고 진취적이었지만 중국 문명은 내

향적이고 안정을 추구했다. 중국인의 우환은 사실 혼란에 대한 두려움이자 안정에 대한 소망이었다. 그래서 두 문명은 모두 날개를 지니긴 했지만 비행 방식은 완전히 달랐다. 그리스인은 '장거리 비행'을, 중국인은 '선회 비행'을 했다. 장거리 비행 덕분에 그리스인은 유럽과 아메리카에서 부활했다. 그리고 선회 비행으로 인해 중국인은 강력한 안정을 유지했다. 진·한 이후, 심지어 서주 이후, 무수한 변화와 왕조의 교체에도 불구하고 근본에서 벗어나지는 않았다.

이것은 무엇 때문이었을까?

문화적
핵심

이유는 '문화적 핵심'에 있다.

'문화'란 무엇인가? 문화는 '인류의 생존과 발전의 방식'이다. 어느 시대의 어떤 민족도 생존하고 발전해야 하는 것은 공통된 사정이다. 그러나 어떻게 생존하고 어떻게 발전하는가는 각기 다르다. 무엇이 다를까? 방식이 다르다. 예를 들어 누구는 유목에 의지해 살고 누구는 농경에 의지해 살며 또 누구는 상업과 무역에 의지해 산다. 누구는 약탈에 의지해 살기도 한다. 해적과 산적에게도 '문화'는 있다.

문화는 바로 방식이다.

그런데 문화적으로 성숙한 민족에게는 각각의 '보편적 방식'이 있게 마련이며 바로 이 '보편적 방식'이 민족 문화의 구체적인 방식들, 예컨대 서양인은 포크와 나이프를 사용하고 중국인은 젓가락을 사용한다거나, 서양인은 십자가를 좋아하고 중국인은 태극도太極圖를 좋아한다

171

는 것 등을 결정한다.

이 보편적 방식이 '문화적 핵심'이다.

그렇다면 그것은 무엇일까?

서양은 개인의식, 중국은 집단의식이다.

우리는 인간이 개인적 존재이면서 사회적 존재임을 안다. 개인이 없으면 사회를 구성할 수 없고 사회를 떠나면 개인도 생존할 수 없다. 그래서 어떤 민족, 어떤 시대, 어떤 사회에도 집단과 개인의 관계에 관한 문제가 존재한다. 예외는 없다.

그리고 그것들 간의 차이는 단지 무엇을 중심으로 삼느냐는 것이다.

이른바 '개인의식'은 개인이 중심이어서 개인주의라고도 한다. 개인주의는 이기주의가 아니며 남을 해쳐서 자신을 이롭게 하는 것은 더더욱 아니다. 반대로 철저한 개인주의자는 도리어 이타적이다. 경지가 조금 높은 사람은 남을 이롭게 하면 자신도 행복해진다고 생각한다. 그리고 경지가 조금 낮은 사람은 남을 이롭게 함으로써 자신을 이롭게 하는 것이 남을 해쳐서 자신을 이롭게 하는 것보다 위험이 적고 효과는 더 좋다고 생각한다. 최소한 진정한 개인주의자는 타인에게 손해를 끼치지 않는다. 왜냐하면 자기가 개인인 만큼 다른 사람도 개인이라는 것을 잘 알고 있기 때문이다. 내게 개인적인 이익이 있다면 다른 사람에게도 있다. 내 개인적 이익을 빼앗기고 싶지 않다면 다른 사람도 그렇게 생각할 것이다. 이런 관점을 바탕으로 "자신이 172

바라지 않는 것을 남에게 행하지 말라己所不欲, 勿施於人"는 생각도 나오게 된다.

그러나 어느 쪽이든 한 가지는 같다. 개인이 중심이며 개인이 우선시된다.

집단의식은 정반대다.

이른바 '집단의식'은 집단과 사회를 개인보다 우선시한다. 민족, 사회, 국가가 개인 위에 존재하며 개인은 그 속의 한 분자라고 생각한다. 그래서 개인의 가치는 우선 그가 속한 집단, 예를 들어 가족과 직장에서 구현되며 개인의 공과도 집단의 영욕에 영향을 미치거나 심지어 결정적인 작용을 한다고 본다. "한 사람이 득도를 하면 집의 닭과 개까지 승천을 하고, 한 사람이 죄를 지으면 온 가문의 목이 날아간다"는 속담의 이치가 여기에 있다.

그런데 문화적 핵심이 다르면 또 어떨까?

날개가 다르다.

그리스인(혹은 서양인)은 개인이 중심이어서 사회 조직을 '인간이 아닌 제3자', 예컨대 '계약'에 의지할 수밖에 없었다. 이것은 이성적이어야만 했으며 나아가 '과학적 이성'을 동원해야 했다. 그리스인은 수학 문제를 대하듯 사회 문제를 대하고 계산 법칙을 따르듯 사회 규범을 따라야 했다. 그러나 동시에, 규범과 억압에 눌린 감성적 충동을 발산할 출구도 필요로 했다.

그래서 예술이 생겼다. 예술은 디오니소스의 세계다. 그곳에서 그들은 마음껏 술에 취하고, 격정을 발산하고, 하고 싶은 대로 행동했다. 이렇게 방종을 누린 뒤에는 마음을 가라앉히고 아폴론의 곁으로 돌아가 계속 이성적으로 규범을 지킬 수 있었다. 고대 사육제의 의의는 바로 여기에 있었다.

그래서 그리스인의 한 쌍의 날개는 과학과 예술이었다. 로마인에게도 법과 종교라는 날개가 있었다. 그것들은 모두 '상보 구조'였고 모두 '개인의식'을 구현했다. 그 두 쌍의 날개는 십자가처럼 자아를 중심으로 하여 바깥으로 확장한 뒤, 다시 자신에게 돌아왔다. 실제로 그리스인은 과학정신을 구현할 때는 자연계와, 예술적 기질을 구현할 때는 자기 자신과 대면했다. 이것은 로마인이 법률과 대면해서는 '사물'을, 하느님과 대면해서는 '마음'을 본 것과 같았다.

집단과 개인의 모순은 이렇게 해소되어 균형을 실현했다.

그러면 중국 민족은 어땠을까?

신이 없는
세계

중국은 서양과는 정반대였다.

물론 중국 민족에게도 이성은 있었다. 하지만 '과학적 이성'이 아니라 '도덕적 이성' 혹은 '윤리적 이성'이었다. 이 이성은 인류가 나면서부터 '집단적 존재'여서 집단이 개인보다 앞서고 개인보다 우위에 있으며 집단이 없으면 개인도 없다고 생각했다. 그러므로 개인의 존재론적 가치, 의의와 임무는 집단 속에서 자신의 위치를 찾아 본분을 지키고 공헌하는 데 있다고 보았다. 남과 마주하여 자신을 극복하고 억제해야 하는 것은 '극기복례克己復禮', 자신과 마주하여 집단에 녹아들어야 하는 것은 '천륜天倫의 즐거움'이라고 했다.

중국인의 근심과 즐거움이 모두 집단의 것이거나 집단과 관계가 있었다는 것은 매우 분명하다. 천하는 본래 천자의 것이므로 그 흥망은 민초들의 하찮은 사정과는 무관했다. 그러나 가家와 국國이 망하면 그들은 안심입명安心立命의 근본을 잃고 상갓집 개처럼 풀이 죽어서 당장 내일을 기약할 수 없는 신세가 되었다.

실제로 백성이 가장 우려했던 일은 '집단의 해체'였다. 그래서 중국인의 우환의 대상은 천하가 아니라 위로는 군주, 아래로는 백성이었다. 동시에 낙관하기도 했으니, "하늘이 무너질 리는 없고" 무너져서도 안 된다고 믿었다. 하늘은 '사람의 부모'인데 무너지면 뭇 백성은 어떻게 되겠는가?

"하늘에는 눈이 있다"는 말은 당연히 일종의 '자기기만'이었으며 더군다나 '의식적인 자기기만'이었지만 '필수적인 자기기만'이기도 했다. 이 자기기만이 없었다면 많은 사람이 내면의 붕괴를 겪었을 것이다. 그러나 누구나 알고 있듯이 그것은 심리적 위로와 정신적 지주에 불과했다. 천하의 평안과 사회의 안정은 모든 사회 구성원이 한데 마음을 모으는 것에 달렸다. 하늘은 사실 믿을 게 못 된다. 종교와 신은 더더욱 미덥지 못하다.

사람을 근본으로 삼아야 했다. 중국 문명의 첫 번째 정신은 여기서 탄생했다.

그것은 바로 인본주의 정신이었다.

중국 문명에도 인본주의 정신이 있다는 말인가? 있다. 하지만 서양과는 다르다. 서양은 고대 그리스 시대에는 "사람이 근본人本"이었지만 중세에 이르러 변질되어 "신이 근본神本"이 되었다. 그래서 '문예부흥' **176**

이 도래했다. 중국 민족의 인본주의 정신은 상나라와 대조를 이룬다. 상나라는 신이 근본이었지만 주나라는 사람이 근본이었다.

그러나 더 중요한 것은 '사람'이 다르다는 사실이다.

서양인이 개인적이고 독립적이며 자유로운 데 반해 중국인은 집단적이고 윤리적이며 가족과 국가에 얽매인다. 집단과의 연결 기능을 하는 것은 종법제도와 예교 문화와 혈연관계다. 중국인은 모든 사람이 부모에게 효도하고 나라를 사랑한다고 믿는다. 그래서 그들에게 효보다 더 중요한 것은 없고, 충보다 더 고귀한 것은 없고, 윗사람에게 무례한 것보다 더 엉망인 것은 없다. 어느 시대에도 안정이 모든 것을 압도했다.

하지만 세계는 영원히 변화하고 있으며 유일하게 불변하는 것은 '변화'밖에 없다. 이것은 『주역』에 나오는 말로 인정하지 않을 수 없다. 하물며 날개는 본래 날기 위해 달린 것이니 어찌 움직이지 않을 수 있겠는가? 움직이면서도 안정을 유지하려면 '선회'하는 수밖에 없다. 변화하면서도 어지럽지 않으려면 '태극도'로 변할 수밖에 없다.

태극도란 무엇인가? 음양 두 극의 '내적 순환' 혹은 '내적 갈등'이다. 그것들은 회전할 수도 있고, 승감할 수도 있고, 기복이 있을 수도 있고, 호환될 수도 있지만 권역을 벗어날 수는 없다. 이 두 극은 예와 악일 수도 있었고, 유儒와 도道일 수도 있었고, 관官과 민民일 수도 있었고, 출出과 입入일 수도 있었고, 다른 그 무엇일 수도 있었다. 그러나

177

어쨌든 사람이지 신은 아니었다.

바로 이 때문에 예악이 필요했고 종교는 필요치 않았다.

예악은 샤머니즘에서 진화된 것이다. 『이중톈 중국사』 제2권 '국가'에서 말했듯이 국가 시대로 진입한 뒤, 원시 시대의 샤머니즘과 토템은 모두 변화해야 했다. 샤머니즘은 인도에서는 종교가 되었고 그리스에서는 과학이 되었다가 마지막에는 철학이 되었다. 토템은 이집트에서는 신으로 변했고 로마에서는 법으로 변했다. 중국에서는 하·상·주 3대를 거치며 길게 우회했다. 간단히 말해, 하나라에서는 토템이 조상으로, 상나라에서는 조상이 신으로, 주나라에서는 신이 성인으로 변했다.

신이 성인으로 변함으로써 종교가 발생할 가능성이 사라졌다.

그렇다. 가능성이 없었다. 성인은 사람이지 신이 아니기 때문이었다. 성인 숭배는 '인간 숭배'지 '신에 대한 숭배'가 아니었다. 더구나 당시 사람들이 성인을 원했던 것은 신을 원하지 않았기 때문이다. 그래서 중국 민족에게서는 진정한 종교가 나오기 불가능했다.

중국 문명은 '신이 없는 세계'일 수밖에 없는 운명이었다.

공수표를
마다하다

종교가 없었으니 신앙이 있었을 리 없다.

신앙이란 무엇인가? 엄격히 말하면 신앙은 상제, 신, 하느님 같은 초자연적이고 초세속적인 존재에 대한 굳은 믿음이다. 이런 존재는 자연계에 속하지 않아서 과학적 실험으로 증명할 수 없다. 또한 인류 사회에도 속하지 않아서 일상적 경험으로도 증명할 수 없다. 어쩔 수 없다. 그저 믿을 수밖에 없다.

그래서 테르툴리아누스 대주교가 "불합리하기 때문에 나는 믿는다"라는 말을 남긴 것이다.[2]

중국에 이런 대상은 지금껏 없었다. 유사한 예를 들려고 해도 순자荀子의 천天처럼 자연적인 것이거나, 묵자의 의義처럼 세속적인 것이 있을 뿐이다. 그리고 공자의 명命처럼 자연적이면서 세속적인 것도 있다. 삶과 죽음에 명이 있다고 한 것은 자연적이고 부귀는 하늘에 달렸다

179

---

2 에른스트 카시러의 『인간이란 무엇인가』 참고.

고 한 것은 세속적이다. 노자의 도道 역시 마찬가지였다.

상나라인의 상제는 그들의 조상, 제곡이었는데 역시 종교적인 의미의 신은 아니었다.

물론 민간에서 아무것도 안 믿지는 않았다. 신도 믿고, 귀신도 믿고, 풍수도 믿었다. 하지만 "믿기는 하되 숭앙하지는 않았다信而不仰." 스님, 도사, 풍수가는 다 돈을 주고 고용할 수 있었다. 또한 향을 사르고 불상에 절하는 것은 형식적인 행사에 그쳐서 "숭앙은 하되 믿지는 않았다仰而不信." 만약 누군가를 믿게 하려면 영험을 보여줘야 했다. 이른바 "믿음은 곧 영험"이라는 말은 "영험하지 않으면 믿지 않는다" 혹은 "영험해야 믿는다"라는 의미다. 믿음과 불신의 기준은 효과가 있는지 없는지에 달려 있었다.

이런 까닭에 중국 민족의 믿음에는 일정한 기준이 없었다. 조상, 보살, 구미호, 관우, 옥황상제, 태상노군太上老君 등이 다 숭배의 대상이 될 수 있었다. 요즘에도 일부 농가의, 신주를 넣어두는 감실龕室을 열어보면 '프롤레타리아 노혁명가'가 모셔져 있기까지 하다. 물론 그런 신령들 중 하나가 자신에게 실제적인 도움을 줄 수만 있으면 언제든 믿음의 대상을 갈아치울 수도 있다.

이것은 전형적인 실용주의와 경험주의이며 그 배경은 중국 문명의 두 번째 정신이다.

그것은 바로 '현실주의 정신'이다.

이른바 '현실주의 정신'은 당연히 '피안의 세계'를 인정하지 않는다. 종교의 피안도, 철학의 피안도, 심지어 과학의 피안도 없다고 본다. 그래서 기인우천杞人憂天(기나라 사람이 하늘이 무너질까봐 침식을 잊고 근심 걱정하였다는 고사)은 줄곧 웃음거리가 되었고 청담清談(위진시대 선비들이 노장 사상을 숭상해 속세를 버리고 청정무위清淨無爲의 현학적 이야기를 나눴던 사실에서 유래된 말)은 나라를 그르친다고 간주되었다. 어쨌든 추상적이고, 난해하고, 비세속적이고, 구현할 수 없는 모든 것은 중국인들의 시선이 닿는 범위 안에 존재하지 않았다. 무슨 천당, 내세, 최후의 심판, 극락세계와 같은 공수표들에 정말로 관심을 가진 사람은 없었으며 기껏해야 어리석은 사람들을 속일 뿐이었다. 중국인이 관심을 가진 것은 군신부자, 삼강오륜, 친구 간의 의리, 천지의 양심 등이었다. 이것들은 다 신앙은 아니지만 매우 유용했다.

중국인이 정말 바란 것은 세속적인 삶이었다.

그렇다. 남자는 경작을 하고 여자는 베를 짜며 4대가 같은 집에 살면서 부모는 자애롭고 자식은 효도하며 함께 천륜을 누리는 것이야말로 가장 행복한 풍경이었다. 무릉도원의 사람들조차 이런 삶을 산다고 여겨졌으며 드라마 「천선배天仙配」(전한 유향劉向의 『효자전』에 나오는 동영董永 전설을 각색해 만든 2007년 작 중국 드라마. 자기 몸을 팔아 아버지를 장사지낸 동영이 선녀의 도움을 받아 돈을 갚고 효의 귀감이 된다는 이야기다)의 일곱 선녀도 이런 삶을 동경했으니 보통 사람들은 더 말할 나위가 없었다. 그들은 생각하는 것보다 행동하는 것이 낫고 말한 것은 반드시 실행해야 한다는 신념의 소유자로서 내일보다 당장 오늘을 더 소중히 여겼고 행복하게 죽느니 근근이라도 사는 것이 낫다고 생각했다.

이것은 '낙관주의'이면서 일종의 '예술'이기도 했다.

그래서 중국 문명의 세 번째 정신인 '예술정신'이 생겨났다.

예술정신은 예술적 기질이 아니다. 그리스 민족의 예술적 기질은 선천적인 것으로서 그들의 유년기 성정의 솔직한 표현이었으므로 그토록 천진난만했다. 이에 비해 중국 민족의 예술정신은 안정 유지의 수단과 결과로서 일종의 도야와 교화였다. 후대의 유가는 심지어 날조와 거짓말로 순 임금이 후기后夔에게 명하여 문학과 예술을 관장해 귀족 자제들의 건전한 인격을 육성하게 했다고 말했다. 후기는 자기가 연주를 하면 야수와 야만인조차 춤을 춘다고 장담했다고 한다.[3]

확실히 이런 예술은 '순수예술'일 수 없다. 단지 '범泛예술'에 속할 뿐이다. 그래서 중국 민족에게서는 거의 모든 일이 예술이 될 수 있다. 리더십의 예술, 관리의 예술, 교육의 예술처럼 말이다. 이것의 경지는 조화에 이르는 것이지만 때로는 상호 협잡이나 이전투구, 독재와 파시즘을 가려주는 온정주의적 가면이 되어서 지나치게 추악한 광경이 노출되지 않게 해준다.

그리고 민초들에게는 괴로움 속에서 즐거움을 취하고 바쁜 가운데 여유를 찾으며 힘들게나마 얼굴을 펴고 살아가게 하는 역할을 하기

3 『상서』「순전舜傳」 참고.

도 한다.

이상한 일이다. 중국 민족은 왜 종교의 '공수표'를 마다하고 예술의 '자기위안'에 도취해 그토록 오랜 세월 거기에 몰두했던 것일까?

아마도 또 주공에게 물어야 할 것 같다.

정리

주공은 도합 7년간 섭정을 했다고 한다. 세 번째 해까지는 반란을 진압했고 네 번째 해에는 제후들에게 분봉을 했으며 다섯 번째 해에는 성주를 건립했다. 여섯 번째 해에는 예악을 제정했고 일곱 번째 해에는 성왕에게 정무를 넘겼다. 예악제도는 그의 마지막 작품이었다.

안타깝게도 아무도 주공이 어떤 생각을 했었는지 모른다.

더구나 중국의 기초를 다진 것은 주공 한 사람만의 공이 아니었다.

그래도 정리가 불가능한 것은 아니다.

전체적인 윤곽도 꽤 분명하다.

우선은 걱정이 있었다. "천명이 일정치 않아天命無常" "왕이 되기가 쉽지 않은不易爲王" 것에 대한 우려로 '군권천수'의 개념이 생겼다.[4] 그런데 주나라인 자신들조차 스스로의 리더십과 대표권은 명분상 하늘이 주는 것이어도 실제로는 백성이 준다고 생각했다. 이 때문에 사람

4 '天命無常'과 '不易爲王'은 각기 『시경』 「대아·문왕」과 『시경』 「대아·대명大明」 참고.

을 근본으로 삼음으로써 '인본주의 정신'이 생겨났다. 그리고 이 정신은 아래와 같이 기술될 수 있고, 또 기술되어야 한다.

천인합일은 인간으로 귀결된다.

물론 한마디를 덧붙여야 한다. 그 인간은 곧 집단의, 가국家國의, 윤리의 인간이었다.

집단이 최고의 존재였기에 덕으로 나라를 다스릴 수밖에 없었다. 하물며 중국의 국가 건립은 씨족 조직을 파괴하는 혁명을 거치지 않았고 거꾸로 씨족과 부락에서 직접적으로 이어졌다. 하·상·주가 다 그러했다. 주나라가 수립한 국가연맹은 더더욱 가국 일체의 '가천하家天下'였다. 그 기초는 정전제의 소농경제였으며 전체를 연결시킨 것은 종법제의 혈연관계였다. 이러한 집단에 있어서 덕과 예는 확실히 법률보다 더 적합하고 유용했다.

덕치의 결과는 '인치人治'였으며 덕으로 나라를 다스린다는 개념은 필연적으로 성인이 나라를 다스린다는 것으로 변했다. 이것은 인본주의 정신에 상당히 부합된다. 그래서 '하나의 중심'이 생겼으니 그것은 바로 덕치다. 또한 '두 가지 기본 포인트'가 생겼으니 그것은 바로 예와 악이다. 예악은 '통용되는 힘'이었고 성인은 '눈에 보이는 본보기'였다. 성인으로 신을 대체하고 예악으로 종교를 대체함으로써 필연적으로 사람들의 시선을 세속사회로, 그리고 실제 상황에 맞는 각각의 도덕적 규범들로 향하게 했다. 이로써 '현실주의 정신'이 생겨났는데 이것

185

은 아래와 같이 기술될 수 있고, 또 기술되어야 한다.

지행합일은 행동에서 실천된다.

마찬가지로 또 한마디를 덧붙여야 한다. 그 행동은 곧 집단의, 가국의, 윤리의 행동이었다.

이렇게 해서 '예술정신'의 이해도 그리 어렵지 않게 되었다. 사실 예술은 '가장 독특한 형식으로 가장 보편적인 감정을 전달하는 것'이다. 독특한 형식은 사람을 매료시키고 보편적인 감정은 공감을 불러일으킨다. 공감이 일어나면 서로 마음이 통하고 우애가 생기며 한마음 한뜻이 된다. 결국 예술의 기능 중 하나는 공자가 『시경』의 효용에 대해 말했듯이 '서로 무리 짓게 하는 것群'이다. 보고 듣기 좋은 형식으로 '집단의식'을 실현하는 것은 중국 예술의 특징이었다.

따라서 중국 민족의 '예술정신'은 아래와 같이 기술될 수 있고, 또 기술되어야 한다.

예악합일은 악樂에서 완성된다.

의심할 여지 없이, 여기서 말하는 '악'은 음악(예술)이면서 쾌락(심미)이다. 그러나 예술이든 심미든, 또한 그 스타일이 온유하든 호방하든 모두 집단의, 가국의, 윤리의, 조화의 악이었다. 전통 연극을 예로 들면 충과 효, 인과 의, 인정과 왕법王法의 모순을 다루지 않은 것이 없었으며 소재가 억울한 사건이면 결국 그 오류가 시정되어 반드시 해피엔딩이었다. 중국 민족은 나라와 백성을 걱정할 뿐만 아니라 스스 **186**

로 즐거움을 찾는 민족이기 때문이었다.

우환이 출발점이고 즐거움이 종점이며 집단의식은 일관된 문화적 핵심이었다.

요컨대 주나라인의 유산이자 그들의 문화 혁신과 제도 혁신의 산물은 하나의 핵심(집단의식), 한 쌍의 날개(우환의 심리와 낙관적 태도), 3대 정신(인본주의 정신, 현실주의 정신, 예술정신), 4가지 제도(정전, 봉건, 종법, 예악)였다. 실로 웅대하면서도 치밀하기 그지없다.

실제로 '군권천수'에서 출발해 "사람을 근본으로 삼고", 이어서 "덕으로 나라를 다스리는" 데 이르기까지, 그리고 "예로 질서를 유지하고 악으로 조화를 보장하는" 데 이르기까지 주나라인이 창조해낸 완전하고, 자족적이고, 상호 보완적이고, 안정적인 체계는 경제, 정치, 사회, 문화의 모든 분야를 포괄했다. 따라서 중국 문명이 극히 안정적이었던 것은 전혀 이상하지 않다. 나중에 이민족의 침입이 있기는 했지만 그 근본 체계에는 변함이 없었다.

주나라인은 실로 상제의 '적장자'였다.

적장자에게는 특권이 있다. 그 후 500~600년의 빛나는 세월 속에서 주나라의 군자와 숙녀들은 청춘을 구가하고 지혜를 발휘하여 누구도 흉내 낼 수 없는 빼어난 풍류를 과시했다.

그것이야말로 진정한 '중국 스타일'이었다.

시간이 시작되다

1. 관념

인류에게는 보편적이면서도 영원한 문제가 세 가지 있다. 그것은 '왜' '어떻게' '무엇'이다. 자연과학과 사회과학과 인문학은 모두 각자의 영역에서 이 문제들에 대한 답변을 시도한다. 다만 모든 사람이 답을 할 수 있거나 답하기를 원하는 것은 아닐 뿐이다.

역사학을 예로 들어보자.

인문학(문학, 역사학, 철학) 중에서 역사학, 특히 고고학은 아마도 자연과학에 가장 가까울 것이다. 그래서 역사를 배운 사람, 특히 고대사와 세계사를 배운 사람은 나처럼 문학을 배운 사람보다 더 믿을 만하고, 철학을 배운 사람에 비해서도 더 믿을 만하다. 증거가 없으면 그들은 말하지 않는다. 주장이 역사적 사실보다 앞서는 것은 역사학자들이 가장 금기시하는 바다. 선입견이 주를 이루고 주관적 억측이 난무하며 결론이 앞에 자리하는 행태는 역사학계에서 직업 윤리에 대한 위반으로 간주된다.

이로 인해 역사학자들은 보통 '무엇'에 관해 묘사하는 것을 선호하지 '왜'에 답하는 것은 원치 않는다. 그것이 단지 의심받는 일을 피하기 위해서일 뿐일지라도.

이것은 존경할 만한 태도이지만 한편으로 유감스럽기도 하다.

그렇다. 아직 많은 증거를 확보하지 않은 상태에서, 심지어 아직 사료를 접하지도 않았을 때 선험적으로 어떤 틀을 설정해 모종의 '패러다임'에 따라 글을 쓰는 것이 위험하긴 하다. 그러나 역사는 비록 천은 아니어도 자르고 기울 수 있다. 역사학도 '포목점'이나 '한약방'이어서는 안 된다. 천을 통째로 몸에 걸치는 사람은 없다. 그리고 '약재'를 일정한 순서에 따라 작은 서랍들에 채우고 황지, 당삼, 당귀, 백술 등의 이름을 적어놓는 것은 기껏해야 '데이터베이스'일 뿐이지 '역사학'은 아니다.

따라서 '주장이 역사적 사실보다 앞서는 것'을 반대하다가 역사관의 필요성까지 부정하면 안 된다. 사실 한 민족의 문명사는 동시에 그 민족의 관념사이기도 하다. 바로 관념 또는 가치지향이 그 민족의 문명 노선을 결정한다. 그리고 관념의 갱신이나 고수는 역사의 단계들을 구성한다. 그 단계들은 고대 이집트의 '노모스'(부락과 부락국가)가

191

나일 강에 의해 그랬던 것처럼 마치 구슬꿰미와 같이 연결된다.

관념은 바로 나일 강이다.

발원지부터 바다 입구까지 가치관의 발전과 변화를 구성하는 하상
河床은 곧 논리다.

논리와 일치하는 역사는 '진실한 역사'다. 진실한 논리에 따라 진실
한 역사를 기술하는 것을 가리켜 '사변적 역사 서술'이라고 부른다. 그
런 서술은, 언어적 표현은 다소 문학적이어도 내용은 철학적이다. 여
기에는 틀림없이 역사관과 역사 지식과 담대함이 필요하다. 나아가
직관과 영감도 필요하다.

아마 천부적인 재능도 필요할 것이다.

물론 깨달음도 필요하다.

2. 깨달음

깨달음은 여러 방향에서 온다.

전문적인 역사학자들과 다르게 나는 '왜'를 따지는 것을 더 좋아한
다. 천성이 그렇기도 하지만 어느 정도는 좋은 친구인 덩샤오망鄧曉芒
에게서 영향을 받았기 때문이다. 덩샤오망은 대단히 뛰어난 철학자
다. 1980년대 초, 나는 그와 함께 중국 미학과 서양 미학을 비교연구 192

하면서 양쪽 문화의 본질적인 차이점에 대해 논의했다. 바로 그때 덩샤오망은, 중국 문화의 핵심은 '집단의식'이고 서양 문화의 핵심은 '개인의식'이라고 하면서 두 문명 모두 한 쌍의 날개, 즉 문화심리의 '상보 구조'를 가졌다고 지적했다. 그 핵심에 관한 이론은 덩샤오망이 생각해낸 것이지만 상보 구조는 쉬푸관徐復觀, 리쩌허우李澤厚, 가오얼타이高爾泰 선생 등의 깨우침에서 나왔으며 사상적 기원을 따지면 니체까지 거슬러 올라가야 한다.

이런 관점들은 나중에 우리가 함께 저술한 『황색과 남색의 교향黃與藍的交響』에 반영되었고 이번에는 이 『이중톈 중국사』 제3권의 사상적 기초가 되었다.[1]

그러나 그것은 결코 '개념의 선행'이 아니었다. 반대로 그 관점들 자체가 연구의 결과였다. 나아가 1995년에 출판된 『이중톈, 중국인을 말하다閑說中國人』 등의 내 일련의 성과들이 거듭 그것들의 성립 가능성을 증명했다. 적어도 논리적으로는 부합했다.

이를 기초로 나는 1990년대 초에 또 중국 문명의 3대 정신을 제시했다.

그것은 탕이제湯一介 선생에게서 영향을 받은 결과였다. 탕 선생은 중국 문화의 정신이 천인합일天人合一, 지행합일知行合一, 정경합일情景合一이라고 생각했다. 하지만 나는 '예악합일'이 '정경합일'보다 더 적합하다고 생각했다. 나아가 더 정확하게는 "천인합일은 인간으로 귀결

193

---

1 이 책의 본래 이름은 『미학의 미망을 벗어나다走出美學的迷惘』이며 1989년 화산花山문예출판사에서 출간되었다. 뒤에 『황색과 남색의 교향』으로 이름을 바꿔 1999년에는 인민문학출판사에서, 2007년에는 우한武漢대학출판사에서 출간되었다. 제1저자는 덩샤오망이다.

되고, 지행합일은 행동에서 실천되며, 예악합일은 악樂에서 완성된다"고 보았다. 이렇게 말해야 중국 민족의 인본주의 정신과 현실주의 정신 그리고 예술정신을 온전히 표현할 수 있다.[2]

하나의 핵심(집단의식)과 한 쌍의 날개(우환의 심리와 낙관적 태도)와 3대 정신(인본주의 정신, 현실주의 정신, 예술정신)이 체계적으로 구축되었다.

이것은 하나의 '문화 체계'다.

체계에는 반드시 논리적 기점이 있다. 그리고 체계의 수립은 점진적 과정이기는 해도 그 안에 분명히 결정적인 시점이 존재한다. 그러면 그 시점은 언제였고 '창시자'라 불릴 만한 사람은 또 누구였을까?

직관이 내게 알려준다. 바로 주나라인이었다.

3. 직관

주공이나 주나라인을 중국 문명의 예수 혹은 무함마드로 취급하는 것은 어제오늘의 일이 아니다. 학계의 주된 관점도 대체로 그러하다.[3] 그런데 문제는 왜 하나라나 상나라가 아니고 주나라인가에 있다.

아마도 주원周原이 '두 강 사이'에 있었기 때문일 것이다.

이 점은 『이중톈 중국사』 제2권에서 밝힌 바 있다. 이집트 문명만   194

---

2 졸고, 「중국문화의 정신論中國文化的精神」 참고. 이 논문은 『중화문화연구』에 수록되어 1994년 샤먼廈門대학출판사에서 출간되었다.
3 왕궈웨이는 『은주제도론』에서 중국의 정치와 문화 변혁이 상나라와 주나라의 교체기에 가장 극심했다고 말했다. 그리고 양샹쿠이楊向奎는 『종주사회와 예악문명宗周社會與禮樂文明』에서 주공이 없었으면 예악 문명과 유가 사상도 없었을 것이며 중국 문명은 또 다른 정신 상태가 되었을 것이라고 말했다. 천라이陳來는 『고대 종교와 윤리古代宗敎與倫理』에서 이른바 '중국 문화'는 그 유전자

제외하고 서아시아, 인도, 중국의 문명은 모두 두 강 유역에서 탄생했다. 서아시아 문명은 티그리스 강과 유프라테스 강에서, 인도 문명은 인더스 강과 갠지스 강에서 발원했다. 그리고 서주 문명은 경수涇水와 위수渭水 사이에서 발원했으며, 이후 더 광대한 문명으로의 발전도 양쯔 강과 황허 강 사이에서 이뤄졌다.

두 강 사이의 충적평야는 농업민족의 축복의 땅이다. 그러나 이집트 문명과 서아시아 문명은 쇠망했으며 인도는 다양한 민족이 다원적인 변화를 전개하여 하나의 통일된 '인도 문명'이 존재했다고 말하기 어렵다. 오직 중국 문명만 지금까지 3700년간 지속되어왔으며 비록 오래되어 굼뜬 면이 있고 골칫거리도 많기는 하지만 여전히 강인한 생명력을 지니고 있다.

직관이 또 내게 말해준다. 여기에는 틀림없이 이유가 있다고.

이유는 바로 제도에 있었다.

이집트, 서아시아, 인도와 달리 주나라인은 당시 세계에서 가장 선진적이고 우수한 제도, 즉 정전, 봉건, 종법, 예악을 창립했다. 정전은 경제제도, 봉건은 정치제도, 종법은 사회제도, 예악은 문화제도였다. 더 중요한 것은 이 제도들이 서로 톱니바퀴처럼 맞물려 돌아가며 사회 실정에 잘 부합했다는 사실이다. 그래서 안정적이었다.

그것은 체계적인 프로그램이었다.

195 제도적 프로그램의 배후에는 관념의 체계가 있었다. '군권천수'에서

와 특징의 상당 부분이 서주 시대에 형성되기 시작했다고 말했다. 그리고 치량啟良은 『중국 문명사』에서 주공을 중국 민족의 '문화 선조'로 내세웠다.

시작해 인본주의와 덕치를 거쳐 "예로 질서를 유지하고 악으로 조화를 보장하는 것"에 이르기까지 그 자체가 하나의 완전하고 자족적인 체계였다. 주나라인은 확실히 '조숙한 아이'였고 주공은 '문화의 시조'였다.

하지만 이렇게 말하려면 증거가 필요하다.

4. 증거

우선 덕치는 어떤지 살펴보자.

주나라인이 덕을 중시했다는 것은, 증명할 수 있는 문헌이 매우 많다.[4] 문제는 문헌만으로는 신빙성을 갖기에 부족하다는 점이다. 예를 들어 『상서』에 따르면 상나라 왕 반경盤庚도 '덕'에 관해 이야기했다고 한다.[5] 그렇다면 정말 '덕치'는 주나라인의 고유한 관념이었다거나 서주에서 비로소 시작되었다고 하는 것이 과연 옳은 이야기일까?

확실한 증거가 제시되어야 한다.

우선 상나라 시대의 갑골문과 금문에 '덕德' 자가 있는지 찾아보자. 만약 있다면 그 의미가 '도덕'의 '덕'이 맞는지 살펴야 한다.

결론은 바로 나온다. 갑골문에는 '덕'이 있지만 그 의미는 '얻다'이며 '잃다'의 뜻도 갖고 있다. 그리고 『고문자고림古文字詁林』을 보면 상나

---

4 주나라인이 덕을 중시한 예는 문헌에서 적잖이 발견된다. 예를 들어 『상서』의 「태서泰誓」 「강고康誥」 「주고酒誥」 「소고召誥」 「다사多士」 「군석君奭」 「입정立政」에서는 '덕' 자가 빈번히 출현한다. 『시경』과 『좌전』에도 유사한 관념이 있다.
5 『상서』 「반경」 참고.

라 시대의 금문에는 '덕'이 없다. 금문의 첫 번째 '덕' 자는 '하존'에서 보인다. 하존은 서주 시대의 청동기로서 성왕 시기의 작품이며 주공이 '성주'(뤄양)를 조성한 역사적 사실을 기록했다. 그 기록에서 '중국'이라는 단어도 최초로 발견되었다.

금문의 '덕'과 '중국'이 동시에 출현한 것은 '하늘의 뜻天意'이 아닐 수 없다.

솔직히 나는 이 비밀을 알아내고 정말 미칠 듯한 기쁨을 느꼈다. 하지만 신중을 기하는 차원에서 즉시 상하이박물관 청동기연구 부서의 후자린胡嘉麟에게 연락해 자문을 청했다.

"상나라 청동기에 '덕' 자가 있습니까?"

내 물음에 후 선생은 없다고 답했다. 나는 또 물었다.

"하존의 '덕'은 금문에서 현재까지 발견된 최초의 '덕' 자가 맞나요?"

"현재까지는 그렇죠."

"그 '덕'은 '도덕'의 '덕'인가요?"

"그렇습니다. 원문이 '공덕유천恭德裕天'(큰 덕과 너그러운 하늘)이기 때문이지요."

그는 또 내게 금문의 '덕'이 다 '도덕'의 덕은 아니라고 일러주었다. 예를 들어 '덕정德鼎'과 '덕방정德方鼎'의 '덕'은 인명이라는 것이었다.

197　나는 눈이 번쩍 뜨였다. 영감이 떠올랐다!

5. 영감

그 영감은 글자 모양의 차이에서 비롯되었다.

금문의 '덕'과 갑골문의 '덕'은 한 가지 분명한 차이가 있다. 갑골문에서는 '彳'과 '目'으로 이뤄졌는데 금문에서는 '心'이 추가되었다. 『고문자고림』에 수록된 '덕' 자의 갑골문은 모두 20개이지만 모두 '心'이 없다. 금문에서도 '도덕'을 의미하지 않는 것은 역시 '心'이 없으며 글자 모양도 갑골문과 흡사하다.

이것은 '도덕'의 '덕'이 곧 '심心'이 있는 득得'이라는 사실을 말해준다. 그리고 '눈으로 본 것'(갑골문의 '덕'은 '눈으로 알아본 것'이라는 의미에서 '얻다', 즉 '득得'의 뜻을 지녔다)을 '마음에 얻은 것道德'으로 바꾼 것은 바로 주나라인이었다. 사실 하존의 '공덕유천'은 '덕으로 하늘의 뜻을 따른다以德配天'는 서주 초기 사상의 구현이었다. 이 사상은 다수의 문헌에서 발견되며 오늘날 청동기를 통해서도 입증되었다. 이제 '덕치'가 주나라인 고유의 창조물이었다는 것은 더 이상 의심할 수 없을 듯하다.

이어지는 추론도 매우 순조롭다. 도덕의 덕이 '하늘' '중국'과 연결되어 있는 이상, "천명을 받아 중국에 거하고, 중국에 거하는 자가 천하를 다스린다"는 것이 어찌 주나라인의 정치 이념이 아니었겠는가? 또한 나중에 역대 황제들이 스스로 "천명을 받들어 새로운 운을 계승했다奉天承運"고 선언한 것과, 베이징 천단天壇(황제의 제천祭天 의식을 위

해 마련된 제단)의 점유 면적이 자금성보다 훨씬 더 넓은 것 역시 주나라인의 사상이 이어진 결과다.[6]

주나라는 중국 문명의 창시자였다.

영감이 떠오르니 모든 것이 이해되었다. "상나라의 예는 의식이고 주나라의 예는 제도"였던 것이나, "(권력의) 신수神授는 종교적인 것이고 천수天授는 윤리적인 것" 등은 이미 구구히 따질 필요조차 없었다. 어쨌든 중국 문명의 초석은 놓였고 시간도 시작되었다.[7]

논리가 서고 증거도 확보되었으니 남은 것은 디테일뿐이었다.

6. 디테일

나의 '자문단'은 줄곧 디테일을 강조해왔다.

내가 중국사를 쓰기 시작했을 때, 수석 자문위원 격인 차오융정曹永正은 다큐멘터리 「미국, 우리의 이야기America: The Story of Us」를 공부해보라고 권했다. 출판사 대표 루진보路金波는 편집부와 함께 그것을 단체 시청했다. 그들 중 리레이李蕾는 그 학습을 '자질 훈련'이라고 불렀으며 천친陳勤은 그 다큐멘터리의 서사 방식을 "거대한 역사, 평범한 인물들"이라고 결론지었다.

그것은 맞기도 하고 어렵기도 한 방식이었다. 이른바 중국의 정사正

199

---

6 명·청 시기의 천단은 동서의 길이가 1700미터, 남북의 너비는 1600미터 그리고 총 면적은 272만 제곱미터였다. 자금성은 남북의 길이가 961미터, 동서의 너비는 753미터 그리고 총 면적은 72만 제곱미터였다. 천단의 점유 면적은 자금성의 약 4배에 달했다. 그러나 자금성의 건축물은 천단보다 수십 배 많았다. 문헌을 보면 장안長安의 천단도 황궁의 4배였다.

7 1949년 10월 2일, 후평胡風은 「인민일보」에 「시간이 시작되었다時間開始了」라는 장편 시를 발표했다. 중국 문명이 실제로 시작된 시간은 서주 시대가 분명하다. 그 이전은 서곡으로 봐야 한다.

史라고 하는 '이십사사二+四史'는 기본적으로 제왕들의 족보다. 평범한 인물들의 이야기를 어디에서 찾는단 말인가?

하지만 디테일은 성패를 결정한다.

디테일을 발견하려면 직관과 영감이 필요하다.

이번 권에 등장하는, '애국의 죄'를 지은 남괴는 내가 찾을 수 있었던 가장 평범한 인물이다. 대부 계손씨의 가신이었던 그는 역사서의 열전에 낄 자격이 아예 없었다. 그저 이름을 남긴 것만 해도 천만다행이었다. 이 사람은 내가 양콴 선생의 『서주사』를 읽다가 발견했다. 마음만 먹으면 '거대서사' 속에서도 '그물에서 빠져나온 물고기'를 발견할 수 있다는 이야기다.

관건은 그런 의식을 갖는 것이다.

『이중톈 중국사』 제2권 '국가'에 나오는, 고대 아테네 거리의 '햄 장수'는 스타브리아노스의 『전 세계 통사』를 읽다가 발견했다. 이 책은 아리스토파네스의 희극 『기사』의 일부를 본문 옆에 인용해놓은 것에 불과했지만 나는 대단히 의미심장하다고 보았다. 그래서 곧장 길버트 머리의 『고대 그리스 문학사』를 통해 『기사』가 공연된 시점이 기원전 424년이라는 것을 알아냈고, 이어서 『사기』 「조세가趙世家」에서 같은 해 전국시대 진晉나라의 이야기를 찾아내 연결시켰다. 그 이야기에서 의문의 죽음을 당한 조환자趙桓子의 아들은 대부의 자식이긴 했지만 역시 이름조차 전해지지 않는 '평범한 인물'이었다.

그런데 '햄 장수'와 '피살자'를 나란히 놓았더니 대단히 흥미진진해졌다. 그리스 민주제와 서주의 봉건제의 비교는 더욱 의미심장했다.

사실 중국 문명에서 서주의 의의는 서양 문명에서 그리스의 그것과 맞먹는다. 단지 마르크스의 말을 빌린다면 그리스인은 '정상적인 아이', 주나라인은 '조숙한 아이'였다. 그래서 각자의 유년 시절에 당연히 서로 다른 기질을 드러냈다.

이 주제는 다음 권에서 논의될 것이다.

이중톈 약전

'이중톈 월드'에 들어선 지 6개월이 되었다. 중국에서 『이중톈 중국사』 시리즈가 발간되자마자 그 소식을 정리해 출판사에 전했고 출판사의 빠른 출간 결정에 이어 지난해 9월 초 곧장 번역을 시작했다. 내 진도는 이중톈에 비하면 형편없이 느리다. 그는 벌써 여섯 권을 발간했고 조만간 제7권이 나올 것이다. 어쨌든 그의 처음 계획은 '분기당 두 권'이었다. 그 계획에 따르면 벌써 8, 9권은 나와야 했지만 역사서 집필이 어디 그렇게 수월한가. 아무리 그가 대학을 떠나 이 시리즈의 집필에만 열중하고 있고 휘하에 쟁쟁한 '편집위원회'를 거느리고 있다 해도 중국사와 세계사를 종횡으로 고찰하며 그 핵심을 엮어내려면 늘 숱한 난관을 극복해야 할 것이다. 게다가 그는 중국을 대표하는 '슈퍼 지식인'이 아닌가. 거절하기 힘든 강연 요청도 많고 지난해 3월부터는 매주 목요일에 방영되는 TV 민생탐방 프로그램의 사회자도 맡고 있다. 67세의 이 노학자는 눈코 뜰 새 없는 스케줄을 소화하고 있는 것이다. 그리고 무엇보다도 『이중톈 중국사』 시리즈의 발간을 늦추고 있는 가장 큰 원인은 아마도 그가 바다 건너에서 전해지는 내 마음속 목소리를 헤아리고 있기 때문일 것이다. 나는 틈만 나면 속으로 '이중톈 선생, 제발 제가 감당할 만한 속도로 책을 내주세요'라고 호소하고 있다.

솔직히 이 책을 번역하기 전까지 나는 이중톈에 대해 잘 몰랐다. 이미 국내에 그의 저서들이 다 번역되어 있는데도, 4년 전 삼국지 관련 도서를 편집하면서 참고삼아 그의 대표작 『삼국지강의』를 훑듯이 본 것이 그에 관해 내가 알고 있던 전부였다. 확실히 『삼국지강의』는 『삼국지』의 인물과 사건들의 역사적 연원과 그간의 연구 성과들을 흥미로우면서도 깊이 있게 해설한 걸작이었다. 하지만 어쨌든 나는 이중톈의 '팬'은 아니었다. 누군가의 팬이 되기에는 나는 이미 나이를 아주 많이 먹었다.

그러나 이중톈의 팬은 아니어도 그의 지나치리만큼 다양한 지식과 도약적인 글쓰기에 골탕을 먹다보니 어느새 그의 이력에 대해 호기심이 생겼다. 이런 글쓰기를 가능하게 한 그의 배경은 무엇일까? 어떤 가정에서 태어나고 어떤 학습 과정을 거쳤을까? 그에 대한 주변 지식인들의 평가는 또 어떨까?

삶은 시가 아니다

1947년 후난 성 창사長沙의 전형적인 지식인 집안에서 태어난 이중
톈은 여섯 살 때 가족을 따라 후베이 성 우한으로 이주하여 그곳에
서 성장했다. 그의 할아버지는 청나라 말에 신식 학당을 나와 중화민
국 정부에서 군수 대리 직무까지 맡았다가, 낙향해 한의학을 독학으
로 익혀 환자들을 치료하며 살았다. 그리고 그의 백부는 칭화 대학에
서 역사학을 전공한 후 수십 년간 대학과 고등학교에서 교편을 잡았
으며, 그의 아버지도 평생 회계학 교수로 일했다. 한마디로 이중톈이
학자로서 성장하기에 아주 적합한 가정 환경이었다.

그러나 잘 알려져 있다시피 중국 현대사에서 지식인과 지식인의 가
족이 순탄한 삶을 사는 것은 거의 불가능한 일이었다. 문화대혁명이
시작된 후 이중톈 가족은 전 재산을 빼앗기고 농촌으로 하방下放을
당했다. 그리고 그때 고등학교를 막 졸업한 이중톈은 자신의 삶을 결
정지을 만큼 중대한 결정을 내렸다. 서북방의 황무지 신장新疆의 군대
식 개척 조직인 생산건설병단生産建設兵團에 자원입대한 것이다. 그 결정
의 동기에 관해 훗날 이중톈은 소련의 사회주의 리얼리즘 소설, 『용감
함』에 감동을 받았기 때문이라고 술회했다. 그 소설이 어떤 내용이었
는지는 정확히 알기 어렵지만 사회주의 리얼리즘의 창작 경향을 감안
하면 아마도 당과 노동자가 합심해서 대자연과 싸워 '사회주의 조국'
의 새 터전을 이룩한다는 식의 대단원 구조가 아니었을까 싶다. 중화 **204**

인민공화국 탄생의 집단적 환희가 아직 식지 않았던 그때, 청년 이중 톈은 자신도 그 소설 속 인물들처럼 척박한 땅에서의 '대역사'에 투신 하여 영광스러운 사회주의의 용사가 되려는 열망을 불태우지 않았을 까 싶다.

그러나 현실은 꿈과 일치하지 않았다. 이중톈은 무려 10년간 생산 건설병단 소속으로 황무지 개간에 참여했고, 1975년 역시 신장에 있 는 우루무치 철강회사 산하의 한 고등학교 교사로 채용됨으로써 겨 우 노동자 생활을 면했다. 나중에 이중톈은 이 행운을 가리켜 '승리 의 탈출'이라고 불렀다. 그 후에는 3년 동안 국어교사로 일했다. 나중 에 그는 신장에서 보낸 그 13년의 세월에 관해 한 제자에게 이렇게 말했다.

"시적으로 묘사되던 그곳에서 나는 알았지. 삶은 시가 아니라는 걸."

행운의 연속

1977년 서른 살이 된 이중톈은 어느 날 놀라운 소식을 접했다. 문 화대혁명 시기 중지되었던 대학입학 학력고사가 부활된 것이다. 그는 이 기회에 대학에 들어가 전문적인 공부를 하고 싶었다. 그런데 문제 가 한 가지 있었다. 당시 그는 고등학교 3학년 수업을 맡고 있었다. 제 자들과 같이 공부해 대학시험을 치르는 것은 자존심이 허락지 않았다. 그래서 그는 아예 대학원 시험에 응시하기로 마음먹었다. 그래야 떨어져도 할 말이 있을 것이라고 생각했다. 결국 그는 우한 대학 대학원 고대문학 석사과정에 응시했고 다행히 합격했다. 사실 나는 이 기록을 보고 어리둥절하지 않을 수 없었다. 대학 졸업도 안 한 사람이 어떻게 대학원에 들어갈 수 있단 말인가? 기록을 자세히 보니 '동등 학력'을 인정받아 대학원에 입학했다고 나와 있었다. 설마 척박한 오지인 신장에서 13년이나 고생한 경력을 '동등 학력'으로 인정해준 것일까? 아마도 그랬을 것이다. 물론 문화대혁명이라는 '10년 동란'을 겪고 아직 재정비되지 못한 당시 중국의 교육제도에서나 가능한 일이었다. 어쨌든 이로 인해 이중톈은 나중에 '대학졸업장 없는 석학'으로 불리게 되었다.

석사과정 3년간 이중톈은 전공 공부만 파고드는 학생이 아니었다고 한다. 오랜 세월 채우지 못한 지식욕을 달래기 위해 전공인 고대문학 강좌 외에도 역사, 철학, 경제학, 심리학, 과학까지 다양한 강좌를 섭렵했다. 그렇게 석사과정을 마치고 석사학위까지 무사히 취득한 1981년, 지도교수 후궈루이胡國瑞는 그를 교수로 채용하자고 총장 류다오위劉道玉에게 강력히 건의했다. 그러나 당시 규정에 따르면 이중톈은 졸업 후 반드시 본래의 직장인 신장의 고등학교로 돌아가 본래 하던 일을 해야만 했다. 이때 류다오위 총장은 무슨 이유에서인지 그를 꽤나 마음에 들어했던 것 같다. 그를 교수 요원으로 잡기 위해 지금 우리가 생각하면 상상도 할 수 없는 모험을 감행했다. 우선 이중톈을 우한 대학에 남기는 것과 관련해 당시 교육부 장관에게서 양해를 이끌어냈고, 다음에는 신장자치주 정부와도 협상해 조건부 승낙을 받았다. 그런데 그 조건이라는 것이 놀라웠다. 이중톈을 학교에 남기는 대신, 그해 우한 대학 졸업생 다섯 명을 신장에 보내 일하게 하는 것이었다. 당시 중국에서는 졸업생의 직장 배치를 출신 대학이 담당하긴 했지만, 이중톈 한 명 때문에 명문 우한 대학의 졸업생 다섯 명을 총장이 임의로 그 산간벽지에 보내기로 결정한 것은 분명 대단한 파격이었을 것이다. 어쨌든 이로 인해 이중톈은 그 후 10년간 우한 대학 중문과 교수로 일하게 된다. 그로서는 불우했던 20대를 다 보상받은 듯한 느낌이었을 것이다.

뒤늦은 성공

그러나 '스타 학자'가 되기까지 이중톈이 치러야 할 '입문식'은 아직 다 끝나지 않았다. 우한 대학에서 일했던 10년 동안 그는 열악한 연구 지원과 급료 때문에 생활고에 시달려야 했다. 세 식구가 14제곱미터(4평)도 안 되는 누추한 아파트에서 생활했다. 학생들에게 인기 있는 교수였음에도 부교수 승진에서도 계속 밀려났다. 내가 본 기록에서는 간단하게 '체제상의 원인' 때문에 그랬다고 하는데 아마도 그의 파격적인 채용 과정과 직설적인 성격이 원인이 아니었을까 추측해본다. 재주 많은 사람의 주변에는 질투심에 불타는 소인이 많게 마련이다. 어쨌든 그 10년간 이중톈은 전공인 『문심조룡文心雕龍』 관련 논문집 한 권과 『예술교육학』이라는 교재 성격의 책 한 권 말고는 변변한 저작활동도 하지 못했다. 십중팔구 생활고와 격무에 짓눌려 산 세월이었을 것이다. 물론 훗날의 왕성한 집필의 근간이 될 학습과 사색의 과정도 있었을 것이다.

결국 이중톈은 1991년 우한 대학을 떠나 남방의 명문, 샤먼廈門 대학으로 자리를 옮긴다. 그는 이곳에서 비로소 생활의 안정을 찾아 몇 년 뒤부터 『중국인을 말하다』(1996), 『중국의 남자와 여자』(1996) 같은 대중인문서를 출간함으로써 서서히 대중적인 인지도를 얻기 시작했다. 그리고 2005년 중국 중앙방송국 채널 10의 교양강좌 프로그램인 「백가강단百家講壇」에서 '한나라 시대의 풍운아들'이라는 주제로 강의를 시작했고, 2006년에 같은 프로그램에서 강의한 '이중톈 품삼국品三國'이 전국적인 히트를 기록, 마침내 중국 최고의 '스타 학자'로 부각되었다. 이때 그의 나이는 59세, 환갑을 한 해 앞두고 오랜 고난과 공부의 결실을 얻은 것이다.

이렇게 '이중톈 약전略傳'을 써놓고 보니 그의 인생을 지나치게 신화화한 게 아닌가 싶다. "온갖 고난 속에서도 포기하지 않고 학문의 길을 추구하여 끝내 석학의 반열에 오른 학자"의 이미지로 이중톈을 그린 것은 아닐까. 아무래도 상관없다. 어쨌든 내 의도는 그가 유복한 학자 집안에서 태어나 순탄하게 공부하다가 자연스럽게 대중에게 그 학식과 재능을 인정받은 이른바 '샌님'은 아니라는 것을 조명하는 데 있었다. 확실히 그는 인생과 학문, 두 방면에서 모두 평범치 않은 길을 걸어온 강자다.

마지막으로 이중톈의 개성이 엿보이는 에피소드 하나를 소개할까 한다. 「백가강단」녹화 때문에 매주 샤먼과 베이징을 오가는 생활을 하던 시절, 어느 날 그는 TV 강연을 마치고 방청객들과 대화를 나누는 자리에서 "당신은 행복하십니까?"라는 질문을 받았다. 먼저 그것이 매우 어리석은 질문이라고 못 박은 뒤, 그는 아래와 같이 말했다.

"행복한 사람도 불행한 면이 있고 불행한 사람도 행복할 때가 있을 수 있습니다. 당신은 내게 매일매일 행복하냐고 물은 겁니까, 아니면 지금 행복하냐고 물은 겁니까? 나는 확실히 행복하다고 말해야겠군요. 이제 프로그램을 마치고 학교에 돌아갈 참이니까요. 하지만 그렇다고 영원히 행복한 것은 아니겠지요. 오늘 밤, 뭔가 답답한 일이 생겨서 행복하지 않게 될 수도 있으니까요."

진리에 가까운 말이다. 순간순간이 전부 행복한 사람이 있을까? 물론 순간순간이 다 행복하다고 믿는 사람은 있을 것이다. 하지만 내 생각에 그런 사람은 '멈춰 있는' 사람이다. '오늘 밤 생길 수도 있는 답답한 일'을 피하거나 아예 부정하고 있을 테니. 이중톈이 만약 그런

사람이었다면 이 『이중톈 중국사』처럼 스릴 넘치는 프로젝트는 시작
도 하지 않았을 것이다. 67세의 고령에도 그는 확실히 "길 위에 있는"
사람이다. 번역자로서 내가 옮기고 있는 언어의 주인공이 이렇게 간
단치 않은 인물이라니, 기분이 썩 나쁘지는 않다.

2014년 2월 22일
옮긴이

易中天中國史 03 창시자

이중톈 중국사

| 초판 인쇄 | 2014년 3월 17일 |
| 초판 발행 | 2014년 3월 24일 |

지은이	이중톈
옮긴이	김택규
펴낸이	강성민
기획	김택규
편집	이은혜 박민수 이두루
편집보조	유지영 곽우정
마케팅	이연실 정현민 지문희 김주원
온라인 마케팅	김희숙 김상만 한수진 이천희
독자모니터링	황치영

펴낸곳	(주)글항아리ㅣ출판등록 2009년 1월 19일 제406-2009-000002호
주소	413-120 경기도 파주시 회동길 210
전자우편	bookpot@hanmail.net
전화번호	031-955-8891(마케팅) 031-955-8897(편집부)
팩스	031-955-2557

| ISBN | 978-89-6735-100-7 03900 |

글항아리는 (주)문학동네의 계열사입니다.

이 도서의 국립중앙도서관 출판시도서목록(CIP)은 서지정보유통지원시스템 홈페이지
(http://seoji.nl.go.kr)와 국가자료공동목록시스템(http://www.nl.go.kr/kolisnet)에서
이용하실 수 있습니다. (CIP제어번호 : CIP2014006997)